SUSANNE ROLL
AMY – EINE BUSFAHRT MIT FOLGEN

SUSANNE ROLL

AMY

Eine Busfahrt mit Folgen

 neukirchener

camino.

Bibliografische Information der Deutschen Nationalbibliothek:
Die Deutsche Nationalbibliothek verzeichnet diese Publikation in der
Deutschen Nationalbibliografie; detaillierte bibliografische Daten sind im
Internet über http://dnb.d-nb.de abrufbar.

© 2023 Neukirchener Verlagsgesellschaft mbH, Neukirchen-Vluyn
Koproduktion mit Camino im Verlag Katholisches Bibelwerk GmbH, Stuttgart
Alle Rechte vorbehalten
Umschlaggestaltung: Grafikbüro Sonnhüter, www.grafikbuero-sonnhueter.de,
unter Verwendung von Bildern © Roquillo Tebar, Eucalyp, bsd studio, Sunny-
Coloring (shutterstock.com)
Lektorat: Anja Lerz, Moers
DTP: Breklumer Print-Service, www.breklumer-print-service.com
Verwendete Schriften: Adobe Garamond Pro, Pinto
Gesamtherstellung: Finidr, s.r.o.
Printed in Czech Republic
ISBN 978-3-7615-6920-7 (Neukirchener Verlag)
ISBN 978-3-96157-199-4 (Camino)

www.neukirchener-verlage.de
www.bibelwerkverlag.de

Mut, Geduld, Mut, Liebe, Mut, Durchhaltevermögen, Mut – all das bedarf es, um Schlechtes in Gutes zu verwandeln.

Für Lydia und Kira und all die anderen wunderbaren Menschen an meiner Schule

INHALT

KAPITEL 1

DONNERSTAGMORGEN

Wo genau waren eigentlich die sechs Wochen Sommerferien geblieben? Noch im Juli hatte Amy sich auf so vieles gefreut: auf Urlaub mit ihren Eltern an der Nordsee, chillen im Freibad mit Vanessa und Laura, eine Woche Reiterhof mit Wurzel und Co., Kino, Schützenfest, Brunch mit Sushi im Ichiban … An Schule wollte sie in dieser Zeit gar nicht denken. Hatte sie auch nicht. Doch jetzt war es sechs Wochen später, Donnerstagmorgen, 7 Uhr, schon fast Ende August. Der erste Schultag, verregnet, viel zu früh und Killer der guten Laune.

Amy – Amelie Marie Heine – verdrehte die Augen. Ungeduldig zerrte sie am Reißverschluss ihrer Jacke. Wieder einmal verklemmt. Er ging nicht hoch und auch nicht runter. So ein Mist. Kalter Wind fuhr ihr um die Beine, und Regen prasselte auf ihre Schuhe. Alles war nass. Das alles machte nicht gerade bessere Laune.

Immer noch zog und zerrte Amy an ihrem Reißverschluss, als ihr plötzlich, wie aus einem wabernden Nebelschleier, die Worte ihrer Mutter in den Sinn kamen: »Nicht mit Gewalt, Amy, nicht mit Gewalt. Versuch, eine andere Lösung zu finden!«

Nun gut, dieser Rat hatte sich eher auf den Umgang Amys mit ihren Spielkameraden im Sandkasten bezogen, als sie noch klein war. Amy wollte die schöne rote Schaufel haben, Ben leider auch. Amy hatte Ben kurzerhand den Arm verdreht und ihm Sand ins Gesicht geworfen. Ben hatte nur diesen einen Arm, der andere fehlte zur Hälfte, also hatte Amy leichtes Spiel gehabt. Innerlich hatte sie triumphiert, doch Amys Mutter gönnte ihr diesen Triumph nicht.

»Es kommt nicht darauf an, dass man gewinnt, Amy«, hatte sie gesagt und ihr sanft die Schaufel aus der Hand genommen, »sondern wie.«

Mit einem Lächeln hatte sie Ben die rote Schaufel in seine kleine fette Hand gelegt. Amy war entrüstet und enttäuscht gewesen. Warum mussten sich Eltern immer einmischen, besonders dann, wenn man doch schon alles geklärt hatte? Ben hätte doch nur ein wenig geheult, sich dann aber seinem Schicksal gefügt. So aber hatte er gewonnen. Sein überhebliches Grinsen, das er aufgesetzt hatte, hatte es nicht besser gemacht.

»Gewalt erzeugt nur Gegengewalt«, hatte ihre Mutter Amy erklärt. »Weil du mich schlägst, darf ich dich auch schlagen? Überleg doch mal, Amelie, wo kämen wir denn da wohl hin?«

Damals war Amy vier Jahre alt gewesen und hatte bei sich gedacht: »Wo kämen wir da wohl hin? Na, dann hätte ich jetzt die rote Schaufel!«

Sie hatte in ihrem Leben noch viele solcher Situationen erlebt, in denen sie impulsiv ihre Interessen mit Muskeln und Schlagkraft hatte durchsetzen wollen. Doch ihre Mutter ließ einfach nicht locker. Aus dem Spruch: »Es ist nicht wichtig, *dass* man gewinnt, sondern *wie* man gewinnt«, wurde ganz schnell eine Erweiterung: »Es ist überhaupt nicht wichtig zu gewinnen.«

Warum um Himmels Willen fiel ihr das gerade jetzt ein? Früh am Donnerstagmorgen, bei Regen und Kälte? Sie wusste es: Es war schon wichtig, dass Amy den Kampf mit ihrem Reißverschluss gewann und er tat, was sie von ihm wollte, denn ihr Pulli wurde nass.

»Versuch, eine andere Lösung zu finden … Sei geduldig, umsichtig, schlau …«

Also gut. Amy untersuchte mit beiden Händen den störrischen Reißverschluss und stellte fest, dass ein Stück Futter eingeklemmt war. Vorsichtig ruckelte sie nun daran herum, friemelte das Futter nach rechts, während sie mit der anderen Hand den Reißverschluss vorsichtig nach unten bewegte. Der Stoff war frei, der Reißverschluss ließ sich wieder schließen.

»Wunderbar!«, dachte Amy entnervt, Eltern mussten nicht nur altklug und weise daherreden, sie behielten für gewöhnlich auch noch recht. Manchmal wünschte sich Amy bei ihrer Mutter ein wenig mehr Gelassenheit, ein Stück Gelassenheit von ihrem Vater. Der war so schön bequem in allem. Er wäre wahrscheinlich einfach auf der Parkbank an der Sandkiste sitzen geblieben, hätte müde sein Buch gehoben und halbherzig gesagt: »Na, Amy, das war aber nicht richtig. Beim nächsten Mal behält aber Ben die Schaufel.«

Die Bushaltestelle füllte sich allmählich mit anderen Schulkindern. Manche schwatzten gut gelaunt miteinander, was Amy aufgrund der Tatsache, dass es in Strömen goss, viel zu früh war und der erste Schultag bevorstand, überhaupt nicht nachvollziehen konnte. Manche tuschelten leise und geheimnisvoll, andere wischten und tackerten auf ihren Handys herum und wieder andere blickten stumpf vor sich hin, die Hände in den Jacken vergraben und Kopfhörer in den Ohren. Zu Letzteren gehörte Amy.

Sie nickte Vlada und Darja kurz zu. Die beiden stammten aus Moldawien und waren vor den Sommerferien in ihre Klasse gekommen. Dann schlug sie die Kapuze über den Kopf und starrte auf die Pfützen.

»Hi, Amy«, ertönte eine Stimme hinter ihr. Ohne aufzublicken, wusste sie, wer das war. Ben, der Einarmige, Ben, der Krüppel, Ben, der Nervtöter. Amy zwang ihre Gedanken in eine andere Richtung. Sie wusste, dass es falsch war, das zu denken, aber sie dachte das ja nicht, weil Ben behindert war und nur einen Arm hatte, sondern weil er nervte und sie ihn einfach nicht mochte. Seit der Auseinandersetzung im Sandkasten hatte sie ihn buchstäblich gefressen. Blöd nur, dass Amys Mutter mit Bens Mutter befreundet war, da waren Berührungspunkte leider nicht ganz selten. Außerdem war Amy die Ältere. Ihr kam automatisch die Rolle der Vernunftinhaberin und des Kümmerkommandos zu. Es wurde von ihrer Mutter stillschweigend vorausgesetzt, dass sie sich um Ben kümmerte.

Wieder verdrehte Amy die Augen. Sie hatte aber auch wirklich schlechte Laune heute! Dennoch rang sie sich zu einem »Hi, Ben« durch.

Bevor er sie fragen konnte, wie ihre Ferien gewesen waren, kam der Bus. Zum Glück. Amy wollte sich einfach nicht verpflichtet fühlen, sich mit Ben zu unterhalten, nur, weil ihre Mütter befreundet waren. Der Bus fuhr haarscharf an die Kante der Haltstelle und erwischte natürlich die größte Pfütze. Die Kinder sprangen kreischend zurück. Ben, der leider nicht so schnell war, erwischte es volle Breitseite. Die gesamte Hose und die Schuhe waren triefend nass.

Die Tür schwang auf. Auch das noch! Busfahrer Reinert. Konnte Amys Laune noch tiefer sinken? Busfahrer Reinert war das, was man ein Ekel nannte. Er genoss die kleine Macht, die er auf die Schüler ausübte, ließ auch die Tür bei Regen schon mal länger zu, nur, weil er es konnte. Amy wunderte es insgeheim, warum er sie heute so schnell öffnete, aber er hatte ja die Pfütze getroffen und somit seiner kleinen teuflisch gemeinen Ader Genüge getan.

Alle Schüler, die an ihm vorbeigingen, nuschelten ein »Guten Morgen« und versuchten, so schnell wie möglich an ihm vorbeizukommen. Keiner wollte riskieren, in sein Kreuzfeuer zu geraten. Und dann kam Ben. Ben, der Einarmige, Ben der Krüppel.

Klitschnass wie er war, stolperte er fast die Stufen hoch, denn sein Rucksack und sein Sportbeutel waren ihm nach vorne über die Schulter gerutscht.

»Du verdreckst mir meinen Bus«, schimpfte Busfahrer Reinert. Amy sah ihm genau an, dass er nur auf diese Gelegenheit gewartet hatte. Selbstgefällig schob er seinen dicken prallen Bauch vor und stützte sich auf sein Lenkrad. Wütend und gehässig funkelte er Ben an. »Und wo ist deine Fahrkarte?«

Alle anderen Schüler waren so vorbeigekommen, ohne großartig die Fahrkarte zeigen zu müssen. Machte ja auch keinen Sinn, denn es waren noch die alten aus dem letzten Schuljahr. Außerdem kannte Herr Reinert alle Schüler ohnehin schon seit Jahren. Doch auf Ben wollte er heute einfach herumhacken.

Bens Karte baumelte am Rucksack und hatte sich verdreht. Ein Kind mit zwei Armen hätte kurz danach gegriffen und sie vorgezeigt, Ben aber musste auch noch seinen Sportbeutel festhalten. Zum dritten Mal am heutigen Morgen verdrehte Amy die Augen und griff kurzerhand nach der Karte.

»Hier«, sagte sie und hielt sie so, dass Busfahrer Reinert sie sehen konnte. »Ist eh die alte. Die neue Fahrkarte bekommen wir doch erst nächste Woche«, sagte Amy. »Wissen Sie doch. Oder haben Sie das in nur sechs Wochen vergessen?«, fügte sie hinzu, da sie es sich nicht verkneifen konnte, Busfahrer Reinert auch ein wenig zu piesacken.

Busfahrer Reinert schnaubte ungehalten, während Amy schnell weiterhuschte. Einen wirklichen Streit wollte sie auch nicht vom Zaun brechen, nicht gerade am ersten Tag, nicht bei Regen und vor allem nicht so früh.

»Du Saubeutel tropfst mir meine Stufen voll«, hörte sie Busfahrer Reinert noch zu Ben sagen. »Sieh zu, dass du nach hinten kommst, aber wehe, du setzt dich hin!«

Als wäre der Bus nicht ein Bus, sondern sein persönlicher Palast. Erwachsene verlangten von Kindern immer, dass sie nicht fluchten oder andere beschimpften oder beleidigten, aber Busfahrer Reinert tat das ungeniert, als hätte er das Recht darauf gepachtet.

Ben schlurfte mit seinem Gepäck umständlich an Amy vorbei. »Danke, Amy«, raunte er und versuchte sich dann ein Stück weiter nach rechts zu bewegen, um sich an der Griffstange festhalten zu können. Busfahrer Reinert wartete nicht, bis Ben sein Ziel erreicht hatte, sondern startete. Ben wurde nach vorne, nach hinten und zur Seite geschleudert. Er hangelte sich zur Stange und klammerte sich mit dem gesamten Arm daran fest. Amy sah im Rückspiegel des Busses das höhnische Grinsen des Busfahrers.

»Selber Saubeutel«, dachte sie. »Als Respekt und Anstand verteilt wurden, hast du eindeutig gefehlt.« Amy mochte Ben nicht besonders, aber Busfahrer Reinert mochte sie noch weniger.

Amy trottete der Masse hinterher auf das Südgebäude zu. Ein tristes, graues Betongebäude – quadratisch, praktisch, nicht so gut – lag vor ihr im strömenden Regen. Daneben lag das Nordgebäude, das etwas älter war, aber genau so hässlich. Amy hatte einfach schlechte Laune, die in der Schule selbst dann auch nicht besser wurde. Wie es schien, war ihre Klassenlehrerin Frau Wilke krank; die 7b hatte gleich im ersten Unterrichtsblock Vertretung bei Herrn Pause. Er war unorganisiert, zerstreut und redete immer im gleichen monotonen Tonfall, als würde er sich damit selbst gern einschläfern. Amy drängte sich zusammen mit den anderen die Treppen hoch, den schmalen Gang im zweiten Stock entlang zu ihrem Klassenraum. Aus den Augenwinkeln sah sie Ben vollbepackt und umständlich seine Sachen balancierend auf die große Tür zugehen. Er musste hinüber ins andere Gebäude, denn er war eine Klasse unter ihr, und der sechste Jahrgang befand sich nun einmal im Nordgebäude.

Amy stöhnte innerlich auf: Unselbstständigkeit und Getue nervten sie. Auch mit nur einem Arm konnte man sich doch bitte etwas geschickter anstellen! Sie fühlte sich nicht verpflichtet, ihm zu helfen, Mütter hin und Mütter her. Daniel kam hinter ihr die Treppe hoch und begrüßte sie. Sofort erkannte er ihre schlechte Laune und folgte ihrem Blick.

»Mann, Amy«, sagte er und drehte auf dem Absatz um. »Ist doch wirklich kein großes Ding. Du musst bloß immer eins draus machen ...«

Die letzten Worte gingen im Gelächter und Gequatsche der anderen Schüler unter, die hinter ihnen folgten. Amy sah, dass Daniel die wenigen Stufen der Treppe hinuntersprang und auf Ben zulief. Wäre er nicht einer ihrer Freunde, hätte sie ihm die letzte Bemerkung sicher krummgenommen. Aber Daniel verstand es, ähnlich wie Vanessa, Amy zwischendurch den Kopf zurechtzurücken.

Daniel hatte Ben fast erreicht, als Lukas, ein Mitschüler aus Bens Klasse, sein Dilemma auch gesehen hatte und ihm nun eifrig die Tür aufhielt. Gedanklich zuckte Amy nur die Schultern. Sollten sie doch ihrem Helfersyndrom nachgeben. Sie hatte die Nase voll. Amy schob die Gedanken an Ben beiseite und wartete mit den anderen Schülern der 7b auf den offenen Anfang. Das war die Viertelstunde vor Unterrichtsbeginn, in der die Schüler schon in den Klassenraum durften, um miteinander zu reden oder den Lehrer etwas zu fragen. Merkwürdig war das Gefühl, nach sechs Wochen wieder in den Klassenraum einzutreten. Nichts hatte sich verändert: Die viel zu kleinen Tische mit den unbequemen Stühlen, ihre Regalfächer mit den Büchern und Stehordnern, die Papierablagen auf der Fensterbank – alles noch da. Nur die Klebeblumen von den Fensterscheiben waren verschwunden, wahrscheinlich war in den Sommerferien der Fensterputzer dagewesen.

Amy ließ sich auf einen Stuhl neben der Fensterreihe plumpsen und schob ihren Rucksack mit den Füßen unter ihren Tisch. Sie hatte noch zehn Minuten Zeit, bis es gongte. Großartig Lust, mit den anderen zu quatschen, hatte sie nicht. Nicht nur Frau Wilke war krank, sondern auch ihre beste Freundin Vanessa. Ohne sie machte Schule überhaupt keinen Spaß.

Herr Pause hatte ihnen erlaubt, in der Zeit des offenen Anfangs das Handy zu benutzen, deshalb zog Amy es nun aus ihrer Hosentasche hervor und sah sich angeblich lustige Videos aus der Nicht-Lachen-Challenge an. Sie guckte sich eine Schulklasse bei einem Wettkampf an, der Dreibeinlauf genannt wurde. Jeweils zwei Kinder mussten mit einem aneinandergebundenen Bein einen Hindernisparcours bewältigen. Sie übersprangen ei-

16

nen Baumstamm, liefen im Zickzack an Fähnchen vorbei, tappten durch Wasserpfützen oder humpelten im Slalom um leere Getränkekisten herum. Manche stellten sich so dumm an, dass sie kaum vorwärtskamen, einander anschrien, gegenseitig bevormundeten oder schlichtweg den Dienst verweigerten. Andere wiederum einigten sich schnell, wer den Takt angab, und meisterten den Parcours gut und relativ problemlos. Wieder andere waren in allem so albern, dass sie mehr lachten als liefen. Im Hintergrund wurde das Video mit Gelächter kommentiert. Amy fand das weder lustig noch witzig, sondern einfach nur dumm und ineffizient. Gruppe zwei machte doch vor, wie es im Idealfall gehen konnte. Man musste sich doch nicht extra dumm anstellen, wenn man ein Handicap hatte, nur, damit es witziger wurde.

Wie Amy den Tag hinter sich brachte, konnte sie anschließend gar nicht mehr sagen. Der Gong läutete den Tag um 7 Uhr 45 ein und beendete ihn 13 Uhr 05 auch wieder. Sie hatten ihren neuen Stundenplan bekommen, auch vereinzelt neue Lehrer und auch neue Fächer. Zum regulären Unterricht kamen jetzt Wirtschaft und Politik als neue Fächer dazu.

»Super«, dachte Amy, »neben Reli und Geschichte zwei weitere Fächer, in denen man sich zu Tode langweilt.«

Das einzig Gute daran war, dass beide Fächer von Frau Wilke unterrichtet wurden. Wenn schon eine Klassenlehrerin, dann eben Frau Wilke, sie war noch annähernd das, was man als schülernah und cool bezeichnen konnte. Dabei war sie nicht etwa immer nett und freundlich, auch nicht glattgebügelt. Aber sie war fair. Sie war mit allen gleich streng, setzte Grenzen, formulierte Regeln und gab allen die gleichen Chancen, sich daran zu halten.

Ein weiteres ödes Schuljahr lag vor Amy. Ein weiteres Jahr mit Hausaufgaben, Büffeln für Arbeiten und Auseinandersetzungen mit unfähigen Lehrern. Na gut, allzu hart wollte Amy nicht urteilen. Mit den meisten Lehrern kam sie ganz gut aus. Sie schrieb gute Noten und war nicht ganz unterbelichtet im Oberstübchen, das half sicher, einen guten Stand bei den Lehrern zu haben. Was sie störte, waren die Lehrer, die von ihren Schülern Respekt und Disziplin verlangten, beides aber selbst nicht auf die Reihe bekamen. Das waren die Meckerdrosseln, die unfairen Griesgräme, die, die ihre Kaffeetassen mit in den Unterricht brachten, ständig zu spät kamen oder es schafften, ganze neunzig Minuten am Stück am Pult zu sitzen.

Und dann war da noch Busfahrer Reinert. Wann um Himmels willen ging der eigentlich in Rente? Es war ja nicht schon schlimm genug, dass er oft die Schultouren fuhr – morgens und auch mittags – sondern auch noch nachmittags in Linie 5 saß. Genau in dem Bus, den Amy brauchte, um zu ihrem Sportverein zu kommen. Dienstags fuhr sie nach Halldorf zum Volleyball und Donnerstag zum Tennis. Beide Male mit Linie 5. Es war auch gar nicht so, dass Busfahrer Reinert sie auf dem Kieker hatte, sie blöd anmachte oder ständig ansprach. Es war einfach so, dass er sie mit seinem ganzen Verhalten störte, nervte und provozierte. Definitiv gehörte er zu jenen Erwachsenen, die man sich nicht zum Vorbild nahm, es sei denn, man wollte als asozial und lästig gelten.

Amys Mutter sagte immer: »Amy, schau dir die Leute gut an. Und dann entscheide, wie du sein möchtest. Was möchtest du, dass andere über dich sagen oder denken? Sollen sie sagen, ›was für ein selbstbewusstes Mädchen ist das, das weiß, was es will und sympathisch seine Ziele verfolgt‹? Oder sagen sie: ›Meine Güte, was für eine unsympathische Meckertussi!‹?«

Busfahrer Reinert war genau das, eine männliche unsympathische Meckertussi.

KAPITEL 2

LINIE 5

Heute war der Bus fast leer. Nur wenige Leute fuhren um diese Uhrzeit nach Halldorf. Es war halb vier, und Amy hatte den ersten Schultag einigermaßen heil überstanden. Gegen Mittag hatten alle in ihrer Klasse damit kämpfen müssen, vom eintönigen Gefasel Herrn Pauses nicht eingelullt zu werden. Danach kam aber die Gruppensitzung der SV. Amy war Schülervertreterin ihrer Klasse und engagierte sich sehr für die Belange ihrer Mitschüler. Die Neuwahlen in der nächsten Woche standen an und auch die Planung der Schüleraktionen in diesem Schuljahr.

Jetzt hatte Amy ihre Airpods in die Ohren gesteckt, rutschte auf ihrem Sitz tief hinunter und starrte aus dem Fenster. Der Regen der letzten Tage hatte aufgehört, doch Pfützen und tropfende Bäume zeugten noch von der Beinahe-Sintflut.

Neben ihr auf dem zweiten Sitz lag ihre Sporttasche. Heute würde das Auswahltraining für die Tennismannschaft auf Landesebene stattfinden. Amy spielte seit Jahren Tennis, eigentlich seit sie laufen und einen Schläger halten konnte. Mit acht Jahren war sie dann in die Kreisauswahl gekommen und trainierte zweimal in der Woche bei sich im Dorf und einmal in der Woche in Halldorf mit dem Landestrainer. Ihre Chancen standen gut.

Sie hatte eine phänomenale Vorhand, eine harte Rückhand und einen Aufschlag wie eine Kanonenkugel. Hinzu kamen Schnelligkeit, Ausdauer und ein verbissener Siegeswille. Da konnte ihre Mutter über das Siegen und Verlieren sagen, was sie wollte, Punktspiele absolvierte man einzig, um zu gewinnen. Als Amy schließlich mit elf Jahren ihren Vater plattmachte, gab ihre Mutter nach und erlaubte das Training auf Landesebene. Amys ganz großes Ziel war es, im nächsten Jahr bei ihren ersten internationalen Turnieren starten zu dürfen.

Der Bus wurde nun langsamer und fuhr in eine gedehnte Rechtskurve. Amy erhob sich und drückte auf den Knopf. Die Tennishalle lag knapp einen Kilometer vor Halldorf. Alle Busfahrer hielten hier kurz an, obwohl es keine offizielle Bushaltestelle gab. Alle, außer Busfahrer Reinert. Bei ihm war das wie Russisch Roulette. Wenn er gut drauf war, hielt er, wenn nicht, musste Amy die Strecke an der Straße zurücklaufen und dann in den Waldweg einbiegen, der noch einmal 400 Meter weit durch Felder führte, ehe die Tennisanlage in Sicht kam. Da war sie gut und gerne eine Viertelstunde zu Fuß unterwegs.

Ihre Tennispartnerin Laura wartete deshalb oft mit dem Fahrrad dort an der Straße auf sie. So konnte Amy auf dem Gepäckträger mitfahren. Wenn der Bus nicht hielt, dann radelte Laura Amy entgegen und sammelte sie auf halbem Wege ein.

Heute hatte Amy Pech. Busfahrer Reinert überhörte das Stoppsignal und fuhr weiter. Wahrscheinlich war er noch nachtragend wegen heute Morgen, als Amy Ben unterstützt und Busfahrer Reinert konfrontiert hatte. Amy war es egal. Solange er sie in Halldorf rausließ und nicht auch dort noch an der ersten Haltestelle vorbeifuhr, auch das war nämlich schon vorgekommen.

Doch heute musste er halten, denn es standen einige Leute am Bushäuschen und wollten einsteigen. Amy sprang die Stufen hinunter und wandte sich nach rechts. Sie schulterte ihre Tasche und suchte in ihrer Playlist nach der richtigen Musik. Vorne am Bus war Tumult. Amy drehte sich zu dem Lärm um und sah den schnaubenden Reinert, wie er einer älteren Dame beim Einsteigen half. Gern machte er das aber nicht, das wäre zu nett für ihn gewesen. Er meckerte, murrte und bezeichnete die Dame als jemanden, der den gesamten Betrieb aufhalte. Mürrisch hob er den Rollator der Dame in den Bus und wartete ungeduldig, bis sie sich an den Stangen entlanggezogen und Platz genommen hatte.

Amy kannte die Frau nicht, wusste aber jetzt schon, dass sie sicher nicht zu Busfahrer Reinerts Lieblingsfahrgästen gehören würde, sollte sie die Frechheit besitzen, öfter mit *seiner* Linie 5 zu fahren. In Osnabrück hatte Amy absenkbare und barrierefreie Busse gesehen, die es auch Rollstuhlfahrern, Müttern mit Kinderwagen oder eben älteren Damen mit Rollatoren ermöglichten, leichter in den Bus zu kommen und auch wieder auszusteigen. Doch hier im Kaff gab es die noch nicht. Hier waren selbst die Bushaltestellen nicht barrierefrei. Da gab es immer noch oft die hohen Bürgersteigkanten oder zu enge Bushäuschen.

Amy schloss mit sich selbst heimlich eine Wette ab, wie oft Busfahrer Reinert der Dame gegenüber ausfallend und ungeduldig werden würde. Sie dachte an eine astronomisch hohe Zahl. Jetzt drückte Amy den Lautstärkeregler lange und marschierte in Richtung Tennishalle. Als sie einige Meter weit gegangen war, sah sie von Weitem schon Laura mit ihrem Fahrrad den Hügel herunterkommen. Laura winkte ihr von ferne zu. Laura fuhr auf dem Elektrorad ihrer Mutter, deshalb war es überhaupt kein Problem, mit Amy auf dem Gepäckträger den restlichen Weg zur Tennishalle zu radeln.

»Na, war der Miesepeter wieder schlecht gelaunt heute?«, fragte sie zur Begrüßung.

»Aber sowas von«, gab Amy zur Antwort. »Erster Schultag und schon geht die Schikane wieder los!«

»Ich seh schon«, sagte Laura ernst, »das ist ein echter Gute-Laune-Killer!«

»Das kannst du wohl laut sagen«, meinte Amy. »Ich hasse diese kleinen fiesen Männer, die meinen, am längeren Hebel zu sitzen und uns Schüler triezen zu dürfen, wie es ihnen gefällt. Die kann man doch nicht ernst nehmen.«

»Und trotzdem müssen wir tun, was sie sagen«, erwiderte Laura, »weil sie nun mal am längeren Hebel sitzen!«

»Ich wünschte, man könnte ihn absägen«, sagte Amy gefrustet.

»Wen? Busfahrer Reinert?«

»Also eigentlich meinte ich den Hebel …«

Beide Mädchen kicherten. »Schöner Gedanke, Busfahrer Reinert mal am kürzeren Hebel sitzen zu sehen.«

»Wer weiß«, meinte Laura. »Vielleicht kommt irgendwann der Tag!«

Ein wenig außer Atem kamen sie an der Tennishalle an. Achim, ihr Trainer, stand schon mit Lina und Mathilda auf dem Parkplatz und wartete.

»Wir können heute nicht auf die Außenplätze gehen«, sagte er. »Das Wetter ist zwar wieder gut, aber alle Plätze stehen unter Wasser. Ich hoffe, ihr habt eure Hallenschuhe dabei.«

Zur Antwort klopfte Amy auf ihre Tasche.

»Logo«, erwiderte Laura.

Alle vier Mädchen zogen sich um und liefen sich warm. Fünf Runden um den Platz, Arme drehen – vorwärts und rückwärts, hüpfen, dann dehnen und stretchen.

»Nur eine von euch kommt heute weiter«, erklärte Achim. »Ich habe gestern mit Dirk telefoniert. Es ist genau noch ein Platz in der Landesauswahl frei. Ihr spielt dann deutschlandweit für euer Bundesland und eventuell im nächsten Jahr die ersten internationalen Turniere. Also, strengt euch an.«

Amy legte in alle ihre Schläge die Aggression, die sie Busfahrer Reinert gegenüber empfand. Sie schlug die Bälle mal rechts ins lange Eck, stoppte sie kurz hinter dem Netz oder nahm sie volley direkt aus der Luft und pfefferte sie ihren Mitspielerinnen buchstäblich um die Ohren. Als sie Mathilda mit einem ihrer Bälle abschoss und mitten in den Bauch traf, gab es eine kurze Pausenbesprechung.

Die Mädchen holten ihre Trinkflaschen hervor und lauschten den Erklärungen ihres Trainers. Achim gab ihnen Ratschläge zur Bewegung und Verlagerung des Gewichts beim Schlagen, dann schickte er sie wieder auf den Platz. Amy jedoch hielt er kurz zurück. »Tennis ist eigentlich ein Spiel gegen Mitspieler und kein Kampf gegen Kriegsgegner«, sagte er leise, aber augenzwinkernd zu ihr. »Aggression kann sicher helfen, einen ordentlichen Wumms in die Schläge zu packen«, fügte er hinzu, »sie darf aber nicht zu einem kopflosen Handeln führen. So schaffst du die Aufnahme ins Landesteam sicher nicht. Es ist kein Game of War, sondern immer noch Fairplay. Also, Amy, etwas mehr Kontrolle, weniger Wut, aber mit genauso viel Kraft.«

Amy verdrehte die Augen.

»Und Spaß«, fügte Achim hinzu, der das gesehen hatte. »Vor allem Spaß, Amelie!«

Die letzte halbe Stunde verlief friedvoller. Amy war zwar oft genervt, im Großen und Ganzen bemühte sie sich aber, das umzusetzen, was ihr Trainer ihr sagte. Er hatte sie schließlich so weit gebracht, wie sie war. Ohne seine Tipps wäre sie wahrscheinlich nur der »Schlächter auf dem Schlachtfeld« geworden, wie ihr Vater es einmal ausgedrückt hatte, mit einem harten Wumms, der aber auch oft ins Aus ging oder sogar ihre Gegnerinnen verletzte. Nun bewegte sie sich harmonischer, zog bedachter durch und spielte die Bälle in die Lücken und nicht auf den Gegner.

»Viel besser«, rief Achim von außen. »Wenn du deine Mitspieler alle abschießt, hast du bald keine mehr!«

Amy grinste und wurde lockerer, und als Dirk dann in den letzten Minuten vom Rand aus zuschaute, deutete er fast unmerklich auf Amy und nickte Achim zu.

»Geschafft«, dachte Amy und verspürte Stolz. Ein Tag, der mies begonnen hatte, endete mit einem Sieg. Mit Laura zusammen sang sie unter der Dusche gut gelaunt ein Triumphlied und marschierte dann mit ihr zurück nach Halldorf. Lauras Fahrrad hatte einen Platten, und sie mussten schieben. Doch das machte beiden gar nichts aus, ihre Laune war ungetrübt heiter. An der Hauptstraße bog Laura nach links ab, den Hügel weiter hoch, während Amy nach rechts abbog, hinunter zur Bushaltestelle.

Es regnete wieder. Doch auch das störte Amy nicht. Sie war in die Landesauswahl aufgenommen, nur das zählte. Sie winkte Laura noch einmal zu und rannte dann fast den Hügel hinab bis zur Bushaltestelle.

Sie überquerte die Straße und schaffte es gerade rechtzeitig. Diese Tour fuhr Frau Müller – Karin – sie war nett und wartete die paar Sekunden, bis Amy den Bus erreicht hatte. Busfahrer Reinert wäre wahrscheinlich gnadenlos gestartet und hätte Amy dort stehen gelassen. Das hatte er schon öfter getan. Manchmal war sie dann zu ihrer Freundin Vanessa gestiefelt, die hier in Halldorf wohnte. Deren Eltern hatten Amy schon mehr als einmal nach Hause gefahren. Wie gesagt, Busfahrer Reinert spielte nicht fair und saß am längeren Hebel. Aber auch der Gedanke an diesen Fiesling verhagelte Amys Laune heute nicht. Die Freude überwog, und Euphorie trug sie nach Hause. »Irgendwann trete ich gegen dich an, Fiesling Miesepeter Reinert«, dachte Amy, »und dann gewinne ich. Vielleicht ist mein Hebel dann länger als deiner!«

KAPITEL 3

POLITIK UND PRÄSIDENTEN

»Joe Biden ist neuer Präsident der USA«, ertönte die Stimme eines Reporters vom Activeboard. Die Klasse 7b saß Montagmorgen in ihrem Klassenraum und hatte die erste Politikstunde. Frau Wilke war wieder gesund. Sie hatte als Einstieg in das Thema »Die Präsidenten und die Politik in Amerika« eine Reportage aus dem Januar 2021 gewählt, die sich die Klasse nun ansah. Natürlich hatte Amy damals in den Internetnews darüber gelesen, denn die ganze Welt hatte ein Auge auf die Wahl gehabt, so auch Amy. Schließlich ging es darum, ob Donald Trump erneut die Wahl gewann und in eine zweite Amtszeit eintrat oder eben nicht. Die ganze Welt schien den Atem angehalten zu haben. Und obwohl Amy sich nicht sehr für Politik interessierte, hatte sie doch gespürt, dass es für das Weltgeschehen mehr als wichtig war, diesen »orangegefärbten Pavian« vom Thron loszuwerden. Zumindest betitelte Amys Vater ihn so.

»Joseph ›Joe‹ Robinette Biden Jr. ist nun offiziell der 46. Präsident der Vereinigten Staaten von Amerika«, fuhr der Sprecher der Reportage fort. »Lange fruchtete die Bewerbung als Präsidentschaftskandidat nicht, doch ab 2007 wurde er zumindest Vizepräsident in beiden Amtszeiten von Barack Obama, der den

Posten als US-amerikanischen Präsidenten zweimal für sich gewinnen konnte.

»« Die Kamera zeigte Barack Obama, der es als erster Afroamerikaner an die Spitze des Landes geschafft hatte, dann schwenkte sie weiter zu Joe Biden, der an der Seite seiner Frau lächelnd in die Linse winkte.

Der Film zeigte auch Donald Trump, der eine kurze Zwischensequenz für die Republikaner einlegte und zumindest eine Amtszeit als Präsident absolvierte, nicht gerade ruhmreich, wie Amy fand. Auch andere Präsidenten wurden genannt und kurz beschrieben. Eine lange Reihe von großen Männern, die alle mehr oder minder gut ihre Rolle ausgefüllt hatten. Mit der Frage, wie Joe Biden das Land durch die Schrecken der politischen Wirren navigieren werde, besonders in den Zeiten von Corona, endete die Reportage.

Frau Wilke ließ die Verdunkelung der Fenster wieder hochfahren und wandte sich dann der Klasse zu.

»Welche Namen von US-amerikanischen Präsidenten sind euch aus der Reportage in Erinnerung geblieben?«, fragte sie und zückte den digitalen Stift.

Viele Finger gingen in die Höhe. Namen wie Joe Biden, Barack Obama, Donald Trump und auch Bill Clinton wurden schnell genannt. Die hatte sich jeder merken können. Frau Wilke schrieb diese Namen in die linke Spalte einer Tabelle an die Tafel. Darüber schrieb sie »Namen«. Über die rechte Spalte schrieb sie »Partei«.

Auch das war bei den zuerst genannten Präsidenten nicht schwer, da wechselten sich die Demokraten mit den Republikanern ab. Danach wurde es mau, nur noch zwei Schülerinnen meldeten sich: Vanessa und Amy.

Sie nannten noch Namen wie Lincoln, Nixon, Bush, Reagan, Jimmy Carter, George Washington, Eisenhower, Kennedy oder Teddy Roosevelt. Zumindest waren das die Namen, die sie sich aus der Reportage hatten merken können. Wer diese Männer waren, wofür sie standen und welche Politik sie betrieben, das wussten beide Mädchen nicht – woher auch?

Den Namen Lincoln kannte Amy aus Filmen wie beispielsweise »Nachts im Museum« oder dem Vampirjägerfilm. Ihr Vater guckte gerne alte Klassiker, besonders in Western oder Südstaatendramen kam Lincoln öfter vor. Am peinlichsten fand Amy die Auftritte ihres Vaters in Cowboykluft zum Karneval, wenn er John Wayne mimte, breitbeinig mit Sporen an den spitzen Westernstiefeln dahergehumpelt kam … Oh Mann! Ihr Vater konnte wirklich mit Leichtigkeit den ersten Preis für peinliche Auftritte gewinnen. Nun gut, ihre Mutter als Catwoman stand dem in nichts nach und war seine schärfste Konkurrentin.

Danach hörte es aber auch schon auf mit Amys Kenntnissen über US-amerikanische Präsidenten. Und ob Frau Wilke Hollywoodstreifen als reelle Quelle zuließ, war mehr als fraglich.

Frau Wilke schrieb alle diese Namen auf, dann sagte sie: »Die wenigsten von euch, aber auch die wenigsten Erwachsenen, können so viele Namen aufzählen beziehungsweise wissen, wer diese Männer waren. Im Fach Politik wollen wir uns aber genau damit beschäftigen. Zu einer guten politischen Bildung gehört auch der Blick über den deutschen und auch über den europäischen Tellerrand. Ich möchte gerne ein Projekt starten. Ihr seid 22 Schüler und Schülerinnen in der Klasse, das bedeutet, wenn immer zwei von euch zusammenarbeiten und einen Präsidenten unter die Lupe nehmen, dass ihr euch gegenseitig elf Präsidenten vorstellen könnt. Damit kennt ihr von den 46, die es bereits gab, schon ein Viertel.«

Frau Wilke lächelte aufmunternd, als sie in die genervten Blicke ihrer Schüler sah. »Keine Angst«, fügte sie schnell hinzu. »Nicht jeder muss jeden Präsidenten kennen. Es reicht, wenn ein Team als Experte für einen Präsidenten auftritt und den anderen ein Handout mit den wichtigsten Rahmendaten liefert: Lebensdaten, politische Gesinnung, Foto, besondere Merkmale der Politik, *Skandale* ...« Bei diesem Wort zwinkerte sie. »Ihr werdet darüber im Internet eine Menge finden.«

Sie drehte sich zu ihrem Pult um und nahm einen Stapel Zettel in die Hand. »Um euch die Auswahl und Recherche zu erleichtern«, sagte sie, »habe ich euch eine Liste der Präsidenten mitgebracht, die nach dem Zweiten Weltkrieg amtierten. Darunter sind zum Beispiel Bill Clinton oder John F. Kennedy, aber auch die neueren wie Barack Obama, Donald Trump oder der zurzeit amtierende Joe Biden. Wer einen früheren Präsidenten wie beispielsweise George Washington oder Abraham Lincoln vorstellen möchte, darf das natürlich auch tun. Auch über diese Herren findet ihr eine Menge an Informationen im Internet. Links und Informationsquellen stehen unten auf der Seite. Bitte die Austeiler einmal nach vorne.«

Adham und Daniel standen auf, nahmen die Zettel entgegen und verteilten sie an die Schüler. Amy überflog die Liste. »Alles Männer«, dachte sie bei sich, »so fortschrittlich ist das Land der unbegrenzten Möglichkeiten dann doch noch nicht.« Es waren nur noch fünf Minuten bis zur großen Pause und die Klasse wurde unruhig. Einige Schüler taten sich schon als Team zusammen und tuschelten einander einen Namen zu.

»Nutzt diese Woche, um euch einen der Präsidenten auszusuchen«, sagte Frau Wilke in die aufkommende Unruhe. »Es wäre schön, wenn wir nicht nur Referate über Joe Biden, Donald Trump oder Barack Obama hören, bloß weil sie die letzten drei waren und für euch am populärsten erscheinen. Nächste Woche möchte ich dann eure Entscheidung hören.«

»Kommst du heute Nachmittag zu mir?«, fragte Amy ihre Freundin. »Dann können wir schon einmal ein wenig recherchieren und uns einen Überblick verschaffen.«

Vanessa nickte ihr zu und packte ihre Sachen weg. »Ich bin um halb vier bei dir! Ich bringe meinen Laptop mit.«

Die beiden Mädchen schnappten sich ihre Turnbeutel und ihre Jacken und verließen gemeinsam den Klassenraum. Sport gehörte definitiv zu Amys Lieblingsfächern. Und mit Vanessa an ihrer Seite machte es doppelt Spaß, denn sie war nicht eine von diesen Tussis, die Angst hatten, sich allein schon durch das Anschauen eines Balls einen Fingernagel abzubrechen. Mit Vanessa konnte Amy voll durchziehen. Das galt nicht nur für den Sport. Vanessa war überhaupt Amys beste Freundin. Manchmal wünschte sich Amy Vanessa ein bisschen weniger kritisch, harmonischer zu ihr, irgendwie angepasster. Doch Vanessa war nichts dergleichen. Vanessa hielt Amy den Spiegel entgegen, in den sie eigentlich nicht schauen wollte. Sie kritisierte Amys aufbrausendes Gemüt, das manchmal die Fairness vergaß und die eigenen Interessen in den Mittelpunkt rückte. Vanessa ermahnte Amy zu mehr Freundlichkeit anderen Menschen gegenüber, die eben nicht so unbeschwert und flink liefen, so hoch sprangen oder so schnell dachten wie Amy.

Vanessa war unbequem, sie sagte Amy nicht das, was sie hören wollte, sondern das, was sie hören musste. Das war ein feiner

Unterschied. Manchmal regte Amy sich so sehr über Vanessas Meinung und Haltung ihr gegenüber auf, dass sie mehrere Tage lang nicht mit ihr sprach. Aber Vanessa war eben leider auch ein Mensch, der das aushielt. Oder besser: der das zum Glück aushielt! Denn es tat Amy gut, von allein auf ihre Fehler zu kommen, genug Zeit zum Schmollen, dann zum Nachdenken und schließlich zum Gewinnen von Einsicht zu haben. Diesen großen Freiraum ließ Vanessa ihr, aber sie blieb absolut hartnäckig, was das Entschuldigen betraf. »Du kannst mich so oft anschreien, wie du willst, mich als unbequeme Zicke beschimpfen, solange du dich ernsthaft dafür entschuldigst. Es geht mir ja nicht darum, einen Engel aus dir zu machen«, sagte Vanessa manchmal lachend, »sondern einen Menschen, der in *mir* den Engel erkennt!«

Vanessa gehörte zu Amy wie die Finger zu ihrer Hand. Ohne ging es nicht, oder nur viel schlechter.

Kurz vor vier klingelte es an der Haustür. Amy saß bereits oben in ihrem Zimmer am Laptop und surfte im Internet. Vanessa kam zu spät, das ärgerte Amy. Wenn man sich um halb vier verabredete, dann sollte man bitte schön auch pünktlich sein. Sie hatte Vanessa mehrere Nachrichten aufs Handy geschickt, die aber alle nicht gelesen worden waren. Jetzt hörte sie unten Stimmen, hörte Schritte auf der Treppe und nur Sekunden später trat Vanessa ein. Amy wollte sich schon aufregen und Vanessa ihre Unpünktlichkeit vorwerfen, als ihr Blick auf ihre klatschnasse Freundin fiel. Aus ihren langen, verstrubbelten Haaren tropfte Regenwasser und ihre Hose war ebenso nass.

Amy sprang auf, holte aus dem Bad ein Handtuch und zog aus ihrem Schrank eine Jogginghose hervor. Dankbar nahm Vanessa beides an. Erst rubbelte sie sich die Haare trocken, dann schlüpfte sie in die weiche Jogginghose.

»Was ist passiert?«, fragte Amy ihre Freundin und ließ sich neben sie aufs Bett fallen.

»Linie 5«, schnaubte Vanessa. »Linie 5 ist passiert. Besser gesagt Busfahrer …«

»… Reinert«, beendete Amy den Satz für ihre Freundin.

Vanessa nickte. »Dieser blöde Reinert«, schimpfte sie. »Ich gebe mir ja sonst echt immer Mühe, nicht mit ihm aneinanderzugeraten, aber er macht es einem einfach nicht leicht.«

»Kenne ich«, erwiderte Amy entnervt. »Erzähl schon!«

Vanessa strich sich die Haare aus dem Gesicht. »In Halldorf ließ er mich einsteigen, so weit, so gut«, begann Vanessa. »Aber es stieg noch eine Frau dazu. Die Frau kenne ich nicht, ich habe sie vorher noch nie gesehen. Aber ich wusste sofort, als ich sie sah, dass Busfahrer Reinert mit ihr Ärger haben würde, beziehungsweise die Frau mit ihm.«

»Lass mich raten«, unterbrach Amy ihre Freundin, »die Frau hatte einen Rollator!«

»Woher weißt du das?« Vanessa sah Amy mit großen Augen an.

»Ich kann hellsehen.« Amy lachte. »Nein, im Ernst«, fügte sie hinzu, »ich habe diese Frau letzte Woche Donnerstag auch gesehen, als ich beim Tennistraining war. Da war Busfahrer Reinert auch mehr als ungeduldig mit ihr. Stell dir vor, da musste er doch tatsächlich seinen Sitz verlassen und ihr beim Einsteigen helfen. Schock! Aber erzähl weiter. Was ist dann passiert?«

»Da sagst du was Wahres«, fuhr Vanessa in ihrer Erzählung fort, »beim Einsteigen hat er ihr auch noch geholfen, mehr als widerwillig, nicht aber beim Aussteigen. Die Frau hatte die Klingel an der Ecke Supermarkt und Tankstelle hier in Neuenfeld gedrückt, also eine Haltestelle vor meiner. Als ich sah, dass sie mit ihrem Rollator Schwierigkeiten hatte, aus dem Bus herauszukommen, und ihre Tasche ständig gegen die Beine schlug, habe ich ihr geholfen. Ich habe den Rollator nach draußen gehoben und die Frau unterm Arm gefasst, bis sie sicher draußen stand. Gerade als ich ihr die Tasche reichte und wieder einsteigen wollte, schlossen sich die Türen und der Bus fuhr an. Busfahrer Reinert weiß doch genau, dass ich immer eine Haltestelle weiterfahre. Jetzt liegt mein Rucksack mit dem Laptop und meinem Handy auf dem Sitz im Bus und fährt weiter, während ich durch den strömenden Regen zu dir laufen musste. Ich schwöre dir, wehe, mein Rucksack wurde geklaut!«

»Du Arme«, tröstete Amy, in der sich ein kleines, schlechtes Gewissen regte. Deshalb hatte Vanessa sich also verspätet und nicht zurückgerufen. Amy legte ihr einen Arm um die Schulter.

»Tu mir einen Gefallen«, sagte sie, »wenn du dein Handy wieder hast, lösch bitte meine Nachrichten!«

Aufmerksam und skeptisch musterte Vanessa ihre Freundin.

»Du hast nicht wirklich geglaubt, ich verspäte mich aus heiterem Himmel und bin dann auch noch so unhöflich und melde mich nicht, oder?«

Beschämt sah Amy auf ihre Füße. Aber dieser Augenblick dauerte nur einen winzigen Moment, dann sprang sie ungeduldig auf und rief: »Du kennst mich doch, Nessi, wir wollten um halb vier anfangen und als du nicht gekommen bist, habe ich eben gedacht ...«

»Gar nicht gedacht hast du, wie mir scheint«, erwiderte Vanessa trocken. »Ernsthaft? Du hast dich wirklich über mein angebliches Fehlverhalten aufgeregt, anstatt dich zu fragen, ob mir etwas passiert sei? Echt mal, Amy, du musst ganz dringend an deinem Verständnis für andere arbeiten, sonst drehst du dich irgendwann nur um dich selbst.«

Eine kurze Stille trat ein. Amy schwankte zwischen Zorn über diese offene Kritik und schlechtem Gewissen. Das schlechte Gewissen siegte und sie zog eine Schmolllippe.

»Ich kenne dich doch. Deshalb kann ich auch gar nicht lange böse auf dich sein. Ist schon wieder vorbei.« Vanessa knuffte Amy lachend in den Arm. »Du bist eben ein Wildfang, wie deine Mutter es immer sagt.« Die Mädchen grinsten einander an.

»Dann lass uns mal starten und uns einen Präsidenten aussuchen«, schlug Vanessa vor. »Aber lass mich vorher bitte noch meine Mutter anrufen, dass sie meinen Rucksack aus dem Bus holt. Schließlich hat Busfahrer Reinert gleich Feierabend, da frisst er meine Mutter vielleicht nicht gleich auf, wenn sie ihn im Depot zu fassen bekommt.«

Nur fünf Minuten später war alles geklärt und die beiden Mädchen recherchierten im Internet über Joe Biden und Co.

KAPITEL 4

IGITT, DIE SABBERT JA

Vanessa und Amy hatten sich gestern nicht auf einen Präsidenten einigen können. Die gesamte Liste von Frau Wilke surften sie nacheinander ab. Sie begannen mit Harry S. Truman, in dessen Amtszeit der Zweite Weltkrieg endete, recherchierten über John F. Kennedy, der die ersten Amerikaner ins Weltall schickte und durch ein dramatisches Attentat ums Leben kam. Sie lasen uber den Skandal, in den Richard Nixon verwickelt war, weshalb der schließlich von seinem Amt zurücktrat. Wieder ein anderer, nämlich Bill Clinton, war auch in einen Skandal verwickelt aber nicht in einen politischen Korruptionsskandal, sondern zwischenmenschlicher Natur.

»Ein Sexskandal!«, rief Vanessa, als sie den Links zu den Inhalten folgte. Dann gab es mit Ronald Reagan den Aufrüstungskönig, der sogar Waffen im Weltall stationieren wollte, und schließlich mit Barack Obama den ersten afroamerikanischen Präsidenten. Gefolgt wurde dieser von dem »Irren« mit der orangen Haartolle, der wiederum vom jetzigen Präsidenten Joe Biden abgelöst wurde. Keiner sagte den Mädchen wirklich zu.

Außerdem stellten sie mit zunehmender Enttäuschung fest, dass die Frauen in den USA anscheinend überhaupt keine politische

Rolle spielten, höchstens als Präsidentengattin, als »First Lady«. Die einzige Frau, die annähernd eine Chance gehabt hatte, war Hillary Clinton gewesen, die Frau des ehemaligen Präsidenten Bill Clinton. Doch sie war in der Vorauswahl der Demokraten an Obama gescheitert. Das Volk entschied sich für den ersten Schwarzen auf dem Thron und nicht für die erste Königin.

»Und wir hatten Jahre lang eine Frau an der Spitze unserer Regierung«, sagte Amy zu Vanessa.

Beide Mädchen folgten dem Rat von Frau Wilke und schauten sich noch George Washington an, der als erster Präsident sicherlich auch einer der bekanntesten war, und ihre Recherche vertiefte sich bei Abraham Lincoln, der die Amerikaner durch den Bürgerkrieg führte und leider 1865 durch ein Attentat verstarb.

»Die leben echt gefährlich«, meinte Vanessa, »da fliegen die Kugeln ja nur so um sich.«

Nach zwei Stunden hatten sie ihre Recherche abgebrochen, mehr oder minder gefrustet, weil es doch irgendwie nichts Neues gab: politische Skandale, persönliche Skandale, Affären, umweltpolitische Drahtseilakte oder sehr fragwürdige militärische Entscheidungen.

»Wir machen morgen weiter«, hatte Amy verkündet. »Mir raucht der Schädel, und ich kann keinen klaren Gedanken mehr fassen. Einen wirklichen Favoriten habe ich noch nicht. Du?«

Als auch Vanessa den Kopf schüttelte, war es beschlossen. Morgen würde es weitergehen. Amy hatte noch ein paar Sekunden desinteressiert und gelangweilt durchs Internet geklickt und dann ihren Laptop runtergefahren.

Es war wieder Dienstag. Amy saß im Bus nach Halldorf und fuhr zum Volleyballtraining. Danach wollten sich die Mädchen bei Vanessa treffen und weitersuchen. Sie hatten ja zum Glück noch fast eine Woche Zeit. Erstaunlicherweise hatte Busfahrer Reinert heute keinen Dienst auf Linie 5, Karin fuhr die Strecke. »Erkältung«, sagte Karin zur Erklärung, als Amy nach Busfahrer Reinert fragte. Amy machte insgeheim drei Kreuze, dass sie sich heute nicht mit ihm rumschlagen musste. Sie hatte es sich gerade auf ihrem Sitz bequem gemacht und ihre Playlist gestartet, als es an der nächsten Haltestelle in großes Hallo gab. Die Leute von der Heimstatt stiegen ein. Das waren alles Menschen mit einer Behinderung, mit einem Handicap. Sie wohnten zusammen, arbeiteten zusammen in ihren Werkstätten und wurden von verschiedenen Betreuern begleitet, wenn sie sich in die »normale« Welt trauten. Amy rutschte in ihrem Sitz tiefer, zog ihre Kapuze weit ins Gesicht, blickte demonstrativ aus dem Fenster und legte betont besitzergreifend ihren Rucksack neben sich. Hoffentlich kam keiner von denen auf den Gedanken, sich neben sie setzen zu wollen. Amy war zwar nicht wie Busfahrer Reinert, der grundsätzlich das ablehnte und verurteilte, was ihm nicht passte, aber sie fühlte sich in der Gegenwart dieser Menschen unwohl. Sie redeten komisch, verhielten sich merkwürdig und unkontrolliert, kamen viel zu nahe an einen ran, weil sie den angemessenen Abstand nicht einhielten, waren laut und sabberten, wenn sie sprachen. Nun gut, nicht alle, aber manche eben, und die wollte Amy keinesfalls neben sich sitzen haben. Insgeheim war sie sehr erleichtert, dass Busfahrer Reinert heute keinen Dienst hatte. Er zeigte ganz deutlich seine Ablehnung und seinen Ekel. Als einmal das Mädchen mit dem Down-Syndrom an ihm vorbeiging und sich hinter ihn setzte, hatte er nichts Besseres zu tun gehabt, als halblaut in seinen Bart zu murmeln: »Igitt, die sabbert ja. Wehe, die sabbert auf meine Sitze!«

Obwohl Amy, wenn sie ehrlich war, diesen Ekel auch verspürte, schämte sie sich sehr dafür, dass Busfahrer Reinert so ungehobelt war und es laut ausgesprochen hatte. Das Mädchen hatte geweint, und das hatte Amy eindeutig bewusstgemacht, dass »diese Menschen« verstanden, was andere über sie dachten oder sagten.

Amys Mutter hatte einmal ganz ernst mit ihr gesprochen, als Amy die Streitigkeiten mit Ben einfach nicht sein ließ. Amy wurde damals eingeschult, während Ben, der ja ein Jahr jünger war als sie, noch in den Kindergarten ging. Aber er war zur Einschulung eingeladen gewesen. Er wollte unbedingt ihre Schultüte, ihren Ranzen und auch noch ihr Geschenk tragen.

Amy wollte ihm nichts davon überlassen und sie hatte in ihrer eigenen direkten Art alle drei Sachen erfolgreich verteidigt. Sie hatte dabei völlig übersehen, dass Ben ja die Sachen nicht haben wollte, weil er auch schon eingeschult werden wollte, sondern weil er lediglich den Wunsch gehabt hatte, ihr tragen zu helfen. Amy hatte ihn beiseitegeschubst, und als er hingefallen war, hatte sie gesagt: »Du kannst dich ja nicht einmal ohne die Sachen auf den Beinen halten, wie willst du es dann mit dem Gepäck schaffen? Außerdem fehlt dir ja was, was ganz Entscheidendes.« Dabei hatte sie mit beiden Armen gewinkt.

Da reichte es Amys Mutter. Das war der Moment gewesen, indem sie Amy beiseitegezogen und ernsthaft mit ihr gesprochen hatte. »So redest du nicht mit unseren Freuden! Das gehört sich einfach nicht!«

Aber Amy hatte, wie immer und auch schon mit sechs Jahren, gegengehalten. »Ist doch aber wahr! Wenn er es doch einfach nicht kann! Außerdem ist Ben dein Freund und nicht meiner.« Und dann hatte sie zum ersten Mal in ihrem Leben das Wort Diskriminierung gehört. »Du hast sicher recht, wenn du sagst, wir sind nicht alle gleich«, hatte Amys Mutter gesagt. »Wir sind nicht alle gleich, das stimmt. Ein Mensch ist groß, der andere klein, einer ist schwarz, der andere weiß, ein Mensch ist mutig, der andere ängstlich, einer kann schnell laufen, der andere nicht, einer ist jung, ein anderer ist alt. Stimmt alles. Aber eine Gemeinschaft besteht eben aus all diesen unterschiedlichen Menschen, und sie hat dafür zu sorgen, dass eben keiner von ihnen aufgrund seiner Andersartigkeit diskriminiert wird. Du willst wissen, was das bedeutet? Das kann ich dir erklären. Egal, ob du groß oder klein bist, dick oder dünn, einen Arm hast oder zwei, jeder muss die gleiche Chance bekommen, die gleichen Aufgaben zu bewältigen. Manche brauchen dabei Hilfe oder besondere Hilfsmittel, aber sie dürfen nicht von vornherein ausgeschlossen werden. Verstehst du das, Amy?«

Amy hatte ungeduldig geantwortet, dass man doch Unterschiede auch Unterschiede sein lassen müsse. Man könne von einem Elefanten schließlich nicht verlangen, auf einen Baum zu klettern. Das sei doch völlig verrückt, das könne doch ein Affe besser.

»Zu klettern sicher nicht«, hatte Amys Mutter geantwortet, »aber man könnte etwas bauen, das es ihm erlaubt, auch über die Baumkrone zu schauen, wenn er das denn möchte! Das ist die Aufgabe einer guten Gemeinschaft. Nur, weil der Elefant es aus eigener Kraft nicht kann, heißt das noch lange nicht, dass man es ihm nicht ermöglichen sollte. Oder schlimmer noch, sich über seine Unfähigkeit lustig macht.«

»Aber das ist doch mega-aufwendig!«, hatte Amy geschimpft. »Elefanten könnten den Baum viel besser fällen oder einfach unter ihm stehen und seinen Schatten genießen!«

»Bestimmt ist es wichtig, dass man als Gemeinschaft schaut, wer welche Talente hat und wer etwas am besten kann. Auch das ist hilfreich. Aber nochmal, Amy. Wenn der Elefant trotz seiner eigentlichen Talente viel lieber auf den Baum klettern würde, um die Sonne zu sehen, wenn das nicht nur sein größter Wunsch wäre, sondern etwas ganz Normales, würdest du ihm das denn ernsthaft verweigern?«

»Wenn es umständlich, teuer und unnütz ist, schon«, hatte Amy trotzig geantwortet.

»Nun, umständlich kann sein, teuer auch, aber unnütz?« Amys Mutter hatte sie auf ihre ganz eigene Art angesehen.

»Trotzdem ist es doch nicht meine Aufgabe, ständig auf Ben aufzupassen und ihm zu helfen. Er muss doch selbst lernen, mit seinem Stummel klarzukommen.«

»Auch damit hast du sicher recht«, hatte Amys Mutter erwidert, »und er wird es lernen, aber nur durch Menschen, die ihm zeigen, wie er Schwierigkeiten überwinden kann, die Geduld und Verständnis für ihn haben. Meinst du, Amy, du kannst ein wenig Geduld und Verständnis für ihn aufbringen? Das ist sehr, sehr schwer, das schaffen nicht viele!«

Amys Mutter hatte es schon immer gut verstanden, sie bei ihrem Ehrgeiz zu packen. Hätte sie ihr einfach schlicht befohlen, nett zu Ben zu sein, wäre Amy wahrscheinlich rigoros und abweisend genau das Gegenteil gewesen. So aber stellte ihre Mutter sie vor eine Herausforderung. Und da Amy ehrgeizig war und nicht gerne verlor, hatte sie genickt. Sicher würde sie das hinbekommen. In ihren Gedanken baute sie also für den Elefanten eine Rampe. Sie hatte ihre Schultüte genommen und ihren Ranzen. Dann war sie damit zu Ben hinübergestiefelt. Sie hatte ihm den Ranzen auf den Rücken geschnallt, ihm die Schultüte unter den kurzen Armstummel geklemmt und das Geschenk, das er für Amy hatte, konnte er mit dem gesunden Arm und der Hand greifen. Dann hatte sie mit ihm zusammen das Schulgebäude betreten und mit ihrer rechten Hand den Ranzen etwas gestützt, sodass er für Ben nicht zu schwer war.

Heute waren es vier Heimstattbewohner, die vom Neuenfeldener Wochenmarkt kamen und nun nach Hause fuhren. Amy wusste, dass die Heimstatt auch eine eigene Werkstatt hatte, in der die Bewohner mit Handicap alltagstaugliche Gegenstände herstellten und dann auf dem Wochenmarkt verkauften. Zudem führten sie in Halldorf einen kleinen Laden mit Bio-Lebensmitteln aus eigener Erzeugung und in der eigenen Werkstatt hergestellten Dingen. Da gab es echte Bienenwachsprodukte aus der Imkerei (Kerzen, Wachstücher, Lippenbalsam) und natürlich den Honig in verschieden großen Gläsern, da gab es Gegenstände aus der Holzbearbeitung (Frühstücksbretter, zu Weihnachten Adventsbretter mit Teelichtern [natürlich aus Wachs], Kisten, Boxen, Dosen, Deko-Gegenstände), dann gab es aus der Näherei Taschen, Kleidungsstücke, Schals, es gab Wolle und Garne und Vieles mehr. Amys Mutter kaufte mindestens einmal im Monat dort ein, um »diese *tollen* Menschen und ihre *tolle* Arbeit« zu unterstützen, wie sie sich ausdrückte.

Zwei von ihnen kannte Amy etwas besser. Sie hatte sich beim Tennis öfter einmal mit Gerd unterhalten und beim Schwimmen im Sommer Tilda kennengelernt. Gerd war schon vierzig Jahre alt und spielte für sein Leben gern Tennis, auch wenn er kaum einmal einen Ball ins Feld traf. Er lebte in der Heimstatt seit zwanzig Jahren und gehörte zu den Bewohnern, die relativ selbstständig unterwegs sein konnten. Erst, wenn man genauer hinsah oder ihn öfter traf, fielen einem Dinge auf, die ein »normaler« Mensch so eben nicht tun würde. Er duzte alle, bewegte sich ein wenig ungelenk, fast wie ein angeschwippster Mensch, war manchmal etwas lauter als es üblich war oder zahlte in einer Seelenruhe mit Ein- oder Zwei-Centstücken an der Kasse sein Brötchen, auch wenn hinter ihm schon eine lange Schlange wartender Menschen stand. Im Großen und Ganzen war Gerd ein lieber Kerl. Und Tilda? Tilda war ein etwa 20-jähriges Mädchen mit langem Zopf, das durch die gesamte Länge des Schwimmbeckens tauchen konnte. Sie strickte sehr gut und nähte den größten Teil der Taschen, Kissen, Laken und Schals, die in Halldorf in der Schaufensterauslage für die Heimstatt warben.

Viele andere Bewohner brauchten aber wesentlich mehr Betreuung. Heute war Jörg als Betreuer dabei. Auch ihn kannte Amy mittlerweile von den Busfahrten. Er hatte die Ruhe weg, war geduldig, sprach leise, aber bestimmt, verbot immer wieder das Gleiche in einer Engelsgeduld, zog Hanno bestimmt zwanzig- bis dreißigmal auf seinen Sitz zurück und lächelte dabei, als hätte er kein anderes Gesicht.

Amy bewunderte die Betreuer. Sie selbst wäre wahrscheinlich schon längst explodiert. Sie schloss die Augen, konzentrierte sich auf ihre Musik und versuchte die Geräusche, die von den Heimstättern kamen, zu ignorieren.

»Hanno«, hörte sie Jörg sagen, das zehnte, elfte Mal? »Bleib auf deinem Sitz, bitte. Das Mädchen hinter uns möchte nicht gestört werden. Siehst du? Es schläft!«

Amy atmete erleichtert auf und war Jörg mehr als dankbar, dass er ihre Privatsphäre akzeptierte, wenn man in einem öffentlichen Bus überhaupt von Privatsphäre sprechen konnte.

Als der Bus in Halldorf hielt, sprang Amy auf, schnappte sich ihre Tasche und verließ fast fluchtartig als Erste den Bus. Sie wollte auf gar keinen Fall in ein Gespräch verwickelt, von Tilda, Gerd, Jörg oder noch schlimmer von Hanno angequatscht werden. Heute hatte sie es eilig, und heute stand ihr nicht der Sinn nach Austestung ihrer Toleranz und Nächstenliebe. Sie trabte die Hauptstraße entlang, bog dann links in den Schulweg ein und hielt auf die große Sporthalle zu. Die anderen waren schon da, auch Vanessa. Sie warteten unter dem gläsernen Dach auf ihre Trainerin.

Neben Tennis war Volleyball der zweite Sport, bei dem sich Amy so richtig auspowern konnte. Doch im Gegensatz zum Tennis, bei dem sie als Einzelkämpferin auf dem Platz stand, musste sie beim Volleyball im Team funktionieren. Darauf legte ihre Trainerin sehr viel Wert. Früher hatte sie Amy einmal öfter aus dem Punktspiel genommen, weil die Pferde mit ihr durchgegangen waren, obwohl sie die beste Spielerin auf dem Feld war. Amy hatte blind vor Eifer und Ehrgeiz ihre eigenen Mitspielerinnen beiseitegeschubst, um die Bälle anzunehmen oder zu schlagen. Das bescherte ihr die ein oder andere Auszeit auf der Bank, während ihre Mannschaft verlor.

»Lass mich wieder rein, Lydia, die Mädchen verlieren!«, hatte sie dann zornig geschimpft.

Doch Lydia blieb konsequent. »Es ist interessant, dass du sagt, die Mädchen und nicht wir … Du bist Teil des Teams, Amy … oder eben nicht. Das ist deine Entscheidung, deine Einstellung.« Sie legte der protestierenden Amy eine Hand auf die Schulter. »Es gewinnt oder verliert nicht einer allein«, erklärte Lydia der schmollenden Amy, »es gewinnt oder verliert immer das ganze Team!«

Notgedrungen musste Amy an sich arbeiten und einen Teamgeist entwickeln, damit sie spielen durfte. Aber wenn sie es sich wirklich eingestand, war auch ein Gegner wichtig, dem sie die Bälle um die Ohren hauen konnte. Sie ließ also ihren Frust an den Gegnern und nicht mehr an ihren eigenen Mitspielerinnen aus.

Lydia kam durch den Nieselregen gelaufen und schloss die Hallentür auf. Amy folgte den anderen in die Umziehkabine. Heute würden sie ein neues Angriffs- und Verteidigungssystem lernen. Wie sagte Lydia immer? »Ein guter Angriff ist nur die halbe Miete, eine gute Verteidigung gehört auch dazu.«

Nun gut, die anderen fünf Spielerinnen auf dem Feld konnten ja verteidigen, wenn Amy nur zwischendurch zum Angreifen kam.

KAPITEL 5

ROLLATOR-TANTE

Nach dem Training nahmen die beiden Mädchen ihre Recherche wieder auf. Sie saßen in Vanessas Zimmer, hatten Kekse und Apfelsaft vor sich stehen und klickten sich weiter durch das Internet. Am Vormittag, in der Schule, hatten schon einige Mitschüler Frau Wilke mitgeteilt, welchen Präsidenten sie ausgewählt hatten: Obama, Trump, Lincoln und Kennedy waren schon weg.

»Ich weiß auch nicht«, stöhnte Amy nach einer Weile, »irgendwie werde ich mit keinem so richtig warm. Je mehr wir lesen, desto abgedroschener erscheint mir das alles. Da gibt es nichts Neues. Obama wäre wenigstens wegen seiner Hautfarbe und seinem familiären Hintergrund interessant gewesen, aber den wollte gefühlt jeder ...«

»Wie wäre es mit Clinton?«, fragte Vanessa. »Der hat wenigstens einen handfesten Skandal in seiner Amtszeit zu bieten. Da könnten wir sicher eine spannende Präsentation draus machen.«

Vanessa öffnete einen weiteren Link zu Bill Clinton, schaute sich Fotos, kurze Statements, Reportagen und den Lebenslauf an. Dabei fiel der Name Monica Lewinsky mehr als einmal.

»Ach«, meinte Amy, »ich finde es irgendwie nicht richtig, einen Menschen nur auf einen Skandal zu reduzieren … Gibt es nichts Positives über ihn zu berichten?«

Vanessa klickte weiter. Nach einer Weile sagte sie: »Schau mal hier. Bill Clinton zeichnet eine schwarze Frau für ihren Mut aus.« Sie las laut vor: »Bill Clinton, der 42. Präsident der Vereinigten Staaten von Amerika, ehrt Rosa Parks mit der höchsten zivilen Auszeichnung, die es gibt, der *Presidential Medal of Freedom*. Die schwarze kleine Frau, die so Großes geleistet hat, die sitzen blieb, um gegen das Unrecht aufzustehen, wird nach fast vierzig Jahren, nachdem sie den Kampf gegen die Rassengesetze mit ihrer Geste des Widerstandes aufgenommen hatte, nun endlich geehrt.«

»Zeig mal«, sagte Amy und zog Vanessas Laptop näher zu sich. Sie überflog den Artikel und schaute lange auf das abgebildete Foto. Da stand eine kleine schwarze Frau neben dem Präsidenten am Rednerpult, in rosafarbenem Kleid und mit riesiger Brille. Ein weiteres Foto zeigte beide 1996 im Weißen Haus, da trug die Frau bereits die Ehrenmedaille an einem blauen Band um den Hals und hielt die gerahmte Urkunde in ihren Händen.

»Rosa Parks«, murmelte Amy, »nie gehört. Ich hab immer gedacht, dass Martin Luther King damals die Aufhebung der Rassentrennung in Gang gebracht hätte … Merkwürdig. Das wäre wirklich mal etwas Interessantes, über eine Frau Ende der 50er Jahre in den USA zu schreiben, die mit ihren eigenen bescheidenen Mitteln gegen die Rassentrennung zwischen Schwarz und Weiß vorging. Aber egal, wir müssen ja über einen Präsidenten schreiben …« Sie schob Vanessa den Laptop wieder zu und stand dann auf.

»Es wird Zeit, nach Hause zu fahren«, sagte Amy, während sie sich ihre Sporttasche schnappte. Sie zog ihre Jacke an und warf sich ihre Tasche über die rechte Schulter. »Boah, mir tun die Gräten weh«, stöhnte sie, »Lydia hat uns ganz schön rangenommen heute.«

An der Haustür verabschiedeten sich die beiden Mädchen. Hinter Vanessa ging leise die Wohnzimmertür einen Spalt weit auf. Amy musste lächeln. Hinter der Tür stand Julius und lugte durch den engen Spalt, da war sie sich sicher. Julius war Vanessas kleiner Bruder. Er war erst vier Jahre alt und hatte Amy Anfang des Jahres einen Heiratsantrag gemacht.

Mit einem großen Eis in seinen kleinen Händen hatte er vor Amy gestanden, sie mit seinem sommersprossigen Gesicht angelächelt und strahlend gefragt: »Amy, willst du mich heiraten?« Einfach so, ohne Vorwarnung.

Amy war völlig verblüfft gewesen, perplex, völlig überrumpelt. »Äh«, hatte sie krampfhaft nach Worten gesucht und dabei in das kleine glänzende Gesicht geschaut. Sie wollte Julius auf keinen Fall das Herz brechen. »Äh, vielleicht«, hatte sie dann schnell gesagt. »Im Moment muss ich noch ganz viel für die Schule lernen, Volleyball und Tennis spielen. Aber irgendwann einmal, man kann ja nie wissen, irgendwann einmal heirate ich dich vielleicht.«

Zum Glück hatte Julius das erst einmal gereicht. Selig hatte er sein Eis mit Amy geteilt und war dann wieder spielen gegangen. Nach dieser peinlichen kleinen Situation hatte Amy mit Vanessa geschimpft. Sie war der Meinung gewesen, dass Vanessa sie hätte vorwarnen können. Doch Vanessa hatte nur mit den Schultern gezuckt. »In Sachen Liebe gibt es keine Warnungen«, hatte sie todernst erwidert. Seitdem schielte Julius ab und zu durch die Tür oder kam zu beiden Mädchen hinauf ins Zimmer. Amy hegte die Hoffnung, dass Julius seinen Antrag irgendwann vergessen würde.

»Donnerstagabend ist Deadline«, sagte Vanessa, »bis dahin sollten wir definitiv wissen, über wen wir schreiben und wen wir präsentieren. Die besten werden bis dahin eh schon weg sein.« Amy nickte ihrer Freundin noch einmal zu, winkte auch über Vanessas Schulter einmal zum Türspalt und marschierte dann zur Bushaltestelle. Es war bereits neun Uhr abends, es nieselte mal wieder und die Straßen glänzten nass im schwachen Scheinwerferlicht der vorbeifahrenden Autos. Amy erreichte rechtzeitig das Bushäuschen an der Hauptstraße und wartete auf Linie 5. Sie hörte Wincent Weiß und Mark Forster, während sie im Takt mitwippte. Nach wenigen Minuten kam der Bus. Amy hob den Kopf. Sie drehte die Musik leiser. Für einen kurzen Moment war sie vollkommen in ihrer Fantasiewelt verschwunden gewesen und mit der Musik zusammen hinabgetaucht in eine andere Dimension, deshalb wunderte sie sich, dass die Frau mit dem Rollator plötzlich neben ihr stand. Sie hatte sie weder gehört noch gesehen. Jetzt jedoch lächelte sie zurück und erwiderte den kurzen Gruß. Dann zog Amy ihre Maske vors Gesicht. Im öffentlichen Verkehr brauchte sie die noch. Als der Bus hielt, war es für Amy selbstverständlich, der Frau hineinzuhelfen. Schließlich hatte sie in den letzten Jahren gedanklich schon viele Rampen für die verschiedensten Elefanten gebaut.

»Darf ich?«, fragte sie und nahm der Frau Tasche und Rollator ab. Sie hievte den Rollator an Karin vorbei und schob ihn nach hinten durch. Dann drehte sie um und half der Frau die Stufen hinauf. Der Bus war um diese Zeit nicht sehr voll, es war die vorletzte Fahrt vor Feierabend. Dankbar stützte sich die Frau auf Amys Arm.

»Die alten Knochen können nicht mehr so gut«, sagte sie mit einem entschuldigenden Augenzwinkern. »In deinem Alter bin ich die Stufen nur so hinaufgeflogen.« Sie löste ihre Karte und ging dann langsam von Reihe zu Reihe, bis sie ihren Platz erreicht hatte.

»Ich danke dir, mein Mädchen«, sagte sie und ließ sich etwas umständlich auf ihrem Sitz nieder. Karin war so anständig, solange zu warten. Ein Blick in den Rückspiegel verriet ihr, dass die Frau sicher saß, erst dann fuhr sie los.

Die Frau nickte ihr dankbar zu und murmelte:»Gut, dass der ungehobelte Busfahrer von letzter Woche heute nicht fährt, da wäre ich sicher koppheister gegangen.«

»Busfahrer Reinert ist ein echtes Ekelpaket«, sagte Amy zustimmend, die sich das einfach nicht verkneifen konnte.

»Ich sehe, du hast auch so deine Erfahrungen mit ihm!«

»Und ob«, erwiderte Amy,»nur die wenigsten kommen unbeschadet bei ihm weg.«

»Mir hat er vorgeworfen, ich würde den ganzen Verkehr aufhalten und bezeichnete mich als Tattertante.« Die Frau lachte. »Bei jeder roten Ampel, jedem Auto vor uns, das zu langsam fuhr, bei jedem Fußgänger, der es wagte, über einen Zebrastreifen zu gehen, meckerte er vor sich hin, bis er letztlich zu dem Schluss kam, dass aber eigentlich ich die gesamte Schuld daran trug, wenn er zu spät ankam und somit sein Feierabend zu spät begann.«

Amy lachte auf.»Sie haben ihn absolut durchschaut!«

»Und wehe, man trägt seine Maske nicht richtig«, stimmte die Frau in Amys Lachen ein und mimte Busfahrer Reinert nach, wenn er mit den Leuten von der Heimstatt schimpfte.»Hast du es in zwei ganzen Jahren nicht gelernt, deine Maske richtig zu tragen? Das sagt schon alles …«

»… du Saubeutel …«, ergänzte Amy.

Karin vorne am Lenkrad lachte laut auf. Sie musste die Unterhaltung verfolgt haben.

»Ich bin Liane König«, stellte sich die Frau vor und hielt Amy eine geschlossene Hand hin.

»Ich heiße Amelie«, erwiderte Amy, während sie mit ihren Fingerknöcheln an Frau Königs Hand tippte, »aber alle nennen mich Amy.«

»Nun denn, Amy«, sagte Frau König, »schön, dich kennenzulernen! Zumindest habe ich schon eine Verbündete im Kampf gegen das Unrecht auf zwei Beinen gefunden …«

»Sind Sie erst hierhergezogen?«, wollte Amy wissen. »Ich habe Sie hier vorher noch nie gesehen.«

Frau König nickte. »Ich komme ursprünglich aus Osnabrück. Jetzt wohne ich in einer kleinen separaten Wohnung im Haus meines Sohnes. Leider hat er einen großen Garten, der verlockend nach mir rief. Doch wie gesagt, die alten Knochen wollen nicht mehr so wie früher. Ich bin beim Heckeschneiden von der Leiter gestürzt und muss nun regelmäßig zur Krankengymnastik … Bis die Hüfte und das Bein wieder in Ordnung sind, brauche ich dieses scheußliche Ding.« Dabei warf sie einen entnervten Blick auf den geparkten Rollator hinter sich. »Vorher ging es auch ohne.« Dann lachte sie plötzlich trocken auf. »Der Rollator hält doch tatsächlich den ganzen Verkehr auf, aber das müssen wir vor Mister Ekelpaket Busfahrer Reinert ja nicht eingestehen.«

Amy grinste. Nur selten traf sie auf Erwachsene, die so offen waren und den gleichen Humor hatten wie Amy. Frau König würde sich gut mit Amys Vater verstehen.

»Ich sehe, du kommst vom Sport«, sagte Frau König, wobei sie auf Amys Tasche deutete.

»Volleyball«, erwiderte Amy, »aber das Training war schon heute Nachmittag. Jetzt gerade komme ich von meiner Freundin.«

»Quatschen und chillen, wie ihr es ausdrückt, ist genauso wichtig wie Sport treiben oder lernen«, meinte Frau König lächelnd.

»Genau genommen war es eher lernen, beziehungsweise ein Arbeitstreffen für die Schule«, erklärte Amy.

Fragend sah Frau König sie an.

Amy wunderte sich insgeheim, dass sie nicht schon längst genervt war von der Unterhaltung mit dieser Frau. Eigentlich war sie ein Mädchen, das gern für sich saß, Musik hörte und den eigenen Gedanken nachhing. Aber Frau König hatte etwas an sich. Sie war nicht nur interessant für Amy, sondern auch interessiert. Also drehte sich Amy vollends zu ihr. »Wir haben in der Schule ein neues Fach«, erklärte sie. »Politik. Wir beschäftigen uns gerade thematisch mit den verschiedenen Präsidenten in den USA, weil sie ja im letzten Jahr einen neuen Präsidenten gewählt haben. Unsere Lehrerin meinte, wir müssten auch einen Blick über Deutschland und Europa hinaus werfen. Wir sollen uns einen aussuchen, über den wir ein Referat vorbereiten, sehr schwer, denn die besten sind schon vergeben. Und Doppelpräsentationen lässt Frau Wilke nicht zu. Dass wir unseren Horizont erweitern, schön und gut, aber dass der Blick so weit sein muss, na ja …«

»Ich finde, eure Lehrerin hat recht damit«, erwiderte Frau König nachdenklich. »Viele Deutsche halten sich manchmal zu sehr für den Nabel der Welt. Da tut ein anderer Blickwinkel mal ganz gut.«

»König«, schoss es Amy plötzlich durch den Kopf. Sie kannte einen König. Er war der Zahnarzt in Neuenfelden und hatte seine Praxis direkt an der Hauptstraße neben dem Frisör. Dennis König ging mit Ben zusammen in eine Klasse.

»Na? Welchen Geistesblitz hattest du gerade?«, wollte Frau König wissen, die Amy aufmerksam beobachtete.

»Mir ist nur gerade eingefallen, dass ich einen Dr. König kenne oder besser seinen Sohn Dennis. Der ist ein guter Freund von Ben ...«, murmelte Amy.

Frau König nickte. »Genau«, bestätigte sie, »ich bin die Oma von Dennis. Und seinen Freund Ben kenne ich auch. Netter Junge!«

»Dann sind Sie die Mutter von Dr. König?«, fragte Amy.

»Erstaunt dich das?«, wollte Frau König wissen. »Ja, stimmt schon, junge Menschen in deinem Alter, denken selten daran, dass Erwachsene Erwachsene als Eltern haben oder dass diese alten Menschen auch über eine eigene Lebensgeschichte verfügen. Ich bin nicht nur eine alte Tante oder Oma, ich war mein halbes Leben lang Professorin an der Uni in Hamburg und später in Osnabrück.«

Amys Augen weiteten sich. »Frau Prof. Dr. König, definitiv *keine* Tattertante!«, dachte sie.

»Philosophie und Psychologie«, sagte Frau König, »nur, falls es dich interessiert.«

Amys Hochachtung stieg von Minute zu Minute. Am liebsten würde sie das Busfahrer Reinert unter die Nase reiben, für den alle Menschen jenseits der Siebzig Tattergreise waren. Wie respektlos und dumm eigentlich.

Karin fuhr in die gedehnte Linkskurve kurz vor Neuenfelden. »Wir sind gleich da«, sagte Frau König. »Hilfst du mir beim Aussteigen?«

»Klar«, erwiderte Amy und schnappte sich ihre Tasche.

Als sie beide auf der Straße standen, nickte Frau König Amy noch einmal zu. »Wenn ich es richtig sehe, werden wir dienstags und donnerstags für die nächsten Wochen gemeinsam im Bus sitzen«, sagte sie zum Abschied. »Ich freue mich auf weitere geistreiche Gespräche mit dir!«

»Ich mich auch!«, erwiderte Amy und meinte es erstaunlicherweise ernst. Dann marschierte sie nach rechts die Straße entlang, während Frau König, gestützt auf ihren Rollator, nach links bog. Nach nur wenigen Sekunden drehte sich Amy noch einmal um und rief lachend: »Ich bin gespannt, wen von uns Busfahrer Reinert zuerst frisst: Sie oder mich!«

KAPITEL 6

EINE FRAU MIT MUT

Genauso fruchtlos wie am Dienstag war auch das nächste Arbeitstreffen bei Vanessa am Donnerstag. Der ganze Tag war bereits mies gewesen. Vormittags in der Schule hatte es auf dem Pausenhof eine handfeste Prügelei gegeben. Drei Jungs aus der Parallelklasse, der 7a, terrorisierten seit Beginn des neuen Schuljahres die neuen Fünftklässler. Sie bedrohten und beleidigten sie, immer so, dass die Aufsicht es nicht sah. Daniel aus Amys Klasse war dazwischen gegangen. Er hatte den dreien kumpelhaft vorgeschlagen, sich Gleichstarke zu suchen, hatte versucht, die Situation mit Witz und Charme zu schlichten und die Gemüter zu beruhigen. Kevin, Anatol und Max aber hatten das leider falsch gedeutet und ihm eine Faust in den Bauch gerammt. Daniel war gestürzt, doch damit nicht genug. Max hatte noch einmal nachgetreten, obwohl Daniel schon auf dem Boden lag. Resultat waren eine zerrissene Jacke, eine Schramme im Gesicht, blaue Flecken und eine angeknackste Rippe.

Daniel, der als Opfer und als Zeuge auftreten würde, hatte Amy als seine Klassensprecherin gebeten, ihn auf der Klassenkonferenz als sein Beistand zu begleiten. Die sollte nächste Woche stattfinden. Bis dahin waren die drei Rüpel zumindest vom

Unterricht suspendiert, sodass halbwegs wieder Frieden einkehren konnte. Ben hatte bereits ein ganzes Jahr lang unter diesen dreien leiden müssen, und es war nicht die erste Konferenz, die ihretwegen abgehalten wurde.

Amy fragte sich, wie schon eine ganze Woche rum sein konnte. Aber so war es immer. Kaum hatte man den ersten Schritt in die Schule getan, waren Erholung und Ferien vergessen. Schwupps, hatte der Alltag sie wieder.

Hinzu kam, dass die anderen Partnergruppen in Politik bereits ihre Präsidenten gewählt hatten. Und wie von Vanessa vorausgesehen, waren die besten jetzt alle weg, auch Bill Clinton. Zu allem Überfluss war Busfahrer Reinert wieder gesund, zumindest fast. Seine Erkältung war zwar am Abklingen, aber eben noch nicht ganz weg, was seine Stimmung nicht gerade besser machte. Miesepetrig war er ja immer, aber heute war es wirklich schlimm. Er schimpfte die ganze Zeit. Egal, wer in den Bus ein- oder ausstieg. Amy wusste von Anfang an, dass sie keine Chance hatte, oben am Hügel aussteigen zu dürfen. Sie fand sich damit ab. Doch Busfahrer Reinert hielt heute auch nicht an der Haltestelle weiter unten, sondern fuhr einfach weiter. Kein anderer hatte gedrückt, kein anderer wollte einsteigen, also fuhr er einfach durch. Amy war entrüstet aufgesprungen, hatte natürlich protestiert, musste aber wieder einmal feststellen, dass Busfahrer Reinert am längeren Hebel saß.

»Oh«, hatte er gesagt, »da habe ich dein Signal wohl nicht gesehen, Mädchen. Jetzt kann ich nicht mehr halten, das würde den Verkehr behindern. Da musst du wohl in den sauren Apfel beißen und zurücklaufen.«

Wäre das tatsächlich aus Versehen passiert und hätte er das Ganze mit einem wirklichen Bedauern gesagt, wäre für Amy alles in Ordnung gewesen. Jeder kann mal etwas vergessen, überhören oder übersehen. Aber Busfahrer Reinert hatte sein miesestes Grinsen aufgesetzt und sich selbstgefällig auf seinem Sitz zurückgelehnt.

»Was für ein Ekelpaket«, dachte Amy. Sie hatte dann fast einen Kilometer zu Fuß zurücklegen müssen, bis Laura sie schließlich fand und das letzte Stück mitnahm.

»Ich habe vom Hügel aus gesehen, dass der Bus unten an der Straße nicht gehalten hat«, sagte sie. »Da hab ich mir schon gedacht, dass es nur Busfahrer Reinert sein kann, der einfach eine Haltestelle überfährt.« Sie pustete, weil sie sich so beeilt hatte, Amy entgegenzufahren.

Beim Tennis selbst lief dann leider auch gar nichts nach Plan. Gut, dass Dirk heute nicht da war, sonst hätte er vielleicht seine Entscheidung, Amy in die Landesauswahl aufzunehmen, bereut oder sogar zurückgezogen. Ihre Aufschläge gingen ins Netz oder weit über die Linie, ihre Vorhand ins Aus und die Rückhand war gar nicht da. Gefrustet schmiss Amy ihren Schläger auf die Tasche, setzte sich auf die Bank und sah den anderen eine Weile zu. Laura spielte gut heute. Auch Mathilda und Lina legten noch einmal eine Schippe drauf. Amy war dankbar, dass Achim nicht meckerte und ihr heute ihren Freiraum ließ. Er kannte sie gut und wusste, dass es heute wohl besser war, sie einfach in Ruhe zu lassen.

Bei Vanessa ging es dann auch nicht wirklich weiter. Unmotiviert saßen die beiden Mädchen am Laptop und lasen kreuz und quer über die Präsidenten, die noch übriggeblieben waren. Dann kam auch noch Julius mit einem neuen Spiel ins Zimmer und nahm die Mädchen für eine halbe Stunde in Beschlag. Er freute sich so sehr, dass sie es nicht übers Herz brachten, ihn einfach hinauszuschmeißen. Außerdem musste Amy gestehen, dass das Spiel sogar Spaß machte. Aus Löchern auf dem Spielfeld kamen Maulwürfe heraus, die sie dann so schnell wie möglich mit einem Plastikhammer treffen mussten. »Eigentlich echt brutal«, dachte Amy, als sie ihren Maulwurf traf, »aber es tut unsagbar gut.«

»Los, Amy!«, rief Julius begeistert. »Gleich hast du alle!« Er selbst hämmerte mehr oder minder unkontrolliert auf dem Spielfeld herum und erzielte zumindest Zufallstreffer.

Schließlich gewann Vanessa, die als Erste alle ihre vier Maulwürfe getroffen hatte. Julius klatschte vor Begeisterung in die Hände. »Nochmal, Nessi, bitte nochmal!« Insgesamt spielten sie drei Runden, dann sah Amy auf die Uhr und packte ihre Sachen.

An diesem Abend ging sie mehr als rechtzeitig von Vanessa aus los. Sie wollte auf gar keinen Fall riskieren, zu spät an der Haltestelle anzukommen. Busfahrer Reinert brachte es sicher fertig und ließ Amy heute ein zweites Mal auflaufen, besonders dann, wenn kein weiterer Fahrgast mit einsteigen wollte.

Schon von Weitem sah Amy aber Frau König dort am Bushäuschen stehen. Unverkennbar an ihrem Rollator. Erleichtert atmete Amy aus und ging langsamer. Jetzt musste sie nicht mehr hetzen. Wenn eine Erwachsene mitfahren wollte, würde Busfahrer Reinert es nicht wagen, einfach weiterzufahren. Oder doch? Bei ihm konnte man nie ganz sicher sein.

Doch Amy hatte genug Zeit. War der Bus pünktlich, würde er erst in fünf Minuten kommen.

»Hallo Amy«, sagte Frau König und winkte ihr zur Begrüßung zu. Sie trug ihre Maske noch nicht, sodass Amy sie nun richtig ansehen konnte. Frau Königs Gesicht strahlte ihr entgegen, viele Lachfältchen umzogen Mund und Augen. Sie wirkte aufgeschlossen, freundlich und vor allem intelligent.

»Hast du heute wieder recherchiert?«, fragte sie. Dann schien sie Amys Stimmung zu bemerken. »Ach? Hast du einen miesen Tag gehabt?«, sagte sie in einem mitfühlenden Tonfall.

»Mhm«, gab Amy zu, während sie sich neben Frau König stellte.

»Möchtest du mir davon erzählen?«, fragte Frau König. »Manchmal hilft es schon, wenn man es einfach ausspricht.«

Amy brauchte nicht lang, um sich zu entscheiden. Sie holte tief Luft und schon schossen die Worte nur so aus ihr heraus. Sie erzählte von der Prügelei in der Schule, von Busfahrer Reinert, ihrem kilometerweiten Fußmarsch, natürlich bei Regen, ihrem Versagen im Tennis und dem Frust, noch immer keinen Präsidenten für ihr Referat zu haben.

»Bill Clinton ist auch weg«, schloss sie ihren Bericht. »Der Einzige, der uns noch irgendwie interessant vorkam. Wir haben ein Foto von ihm gefunden, auf dem er einer schwarzen kleinen Frau mit riesiger Brille eine Ehrenmedaille überreichte. Den Namen habe ich leider vergessen, aber damit hätte man die Präsentation wunderbar beginnen können, überhaupt hätte ich gern über diese Frau geschrieben, das erschien mir weit interessanter ...«

»Nicht irgendeine Medaille«, sagte Frau König. »Das war die *Presidential Medal of Freedom*. Wenn ich mich richtig erinnere, war das 1996, und die Frau, die du meinst und die auf dem Foto abgebildet ist, war Rosa Parks.«

Amy sah Frau König erstaunt an, doch bevor sie darauf etwas erwidern konnte, kam der Bus. Er war bis auf Busfahrer Reinert leer.

»Wollen wir doch mal sehen, wie geduldig Busfahrer Mister Ekelpaket Reinert heute ist«, nuschelte Frau König und zwinkerte Amy zu. »Ich merke gerade, dass mir wirklich alles weh tut und ich nur gaaanz langsam gehen kann.« Und vielleicht hast du eine Zerrung im Arm – vom Tennis – und kannst mir leider absolut nicht mit dem Rollator helfen ...«

Amy musste fast laut loslachen, als sie erkannte, was Frau König vorhatte. Sie riss sich zusammen, denn Busfahrer Reinert sollte das ja nicht wittern.

»Ich habe eine Zerrung im Arm und einen verstauchten Knöchel«, erwiderte Amy ernst, »ich bin doch tatsächlich beim Tennis gestürzt!«

»Er denkt, ich bin eine Tattertante«, flüsterte Frau König noch, bevor die Tür aufschwang, »dann soll er auch eine Tattertante kriegen.«

Amy hielt ihren rechten Arm auf Schongang und humpelte an Busfahrer Reinert vorbei. Mehr als umständlich stieg sie die Stufen hoch, Schritt für Schritt, entlastete den angeblich kaputten Fuß und stöhnte laut.

»Hast dich wohl verletzt?«, sagte Busfahrer Reinert. »Trotzdem kannst du dich ein wenig beeilen.«

»Ein Fahrradfahrer hat mich angefahren, als ich auf dem langen Weg zur Tennishalle war«, erwiderte Amy, »und das nur, weil der Bus nicht an der üblichen Haltestelle angehalten hat ...«

Für einen Moment stutzte Busfahrer Reinert. Dann schien ihm ein Licht aufzugehen. »Du kannst mir ja viel erzählen, Fräulein. Bist sicher beim Tennis ausgerutscht. Mir brauchst du das nicht anhängen.«

Amy hätte ihm am liebsten die Zunge rausgestreckt und noch einige Takte erzählt, verkniff sich das aber, denn nun kam Frau König. Sie brabbelte etwas vor sich hin, schob ihren Rollator unbeholfen an die Stufen des Busses heran und sagte immer wieder:

»Oh weh, oh weh, heute tun mir die alten Knochen viel mehr weh als sonst. Oh weh, oh weh.«

Busfahrer Reinerts Blick sagte alles. »Mädchen«, rief er, »komm her und hilf der Dame! Weißt du nicht, was Anstand ist? Haben dir deine Eltern wohl nicht beigebracht, dass man alten Leuten hilft!«

Amy deutete auf ihren rechten Arm und streckte den Fuß hoch. »Schon vergessen?«, sagte sie. »Ich bin verletzt!«

»So schlimm kann das ja gar nicht sein!«, schimpfte Busfahrer Reinert, dem nun allmählich dämmerte, dass er selbst aufstehen und Hand anlegen musste.

Sein Gesicht war zornrot, aber er musste sich schließlich fügen, sonst würden sie morgen früh noch hier stehen. Er erhob sich, quetschte sich hinter der Plexiglasscheibe vorbei und stieg die Stufen hinab. Die ganze Zeit wurde er von Frau Königs Gebrabbel begleitet. »Oh weh, oh weh, das tut mir aber leid, dass ich Ihnen solche Umstände mache … aber Sie wissen ja, die alten Knochen, die alten Knochen …«

Busfahrer Reinert griff nach dem Rollator. Er zog ihn nach oben die Stufen hoch, doch plötzlich hielt er inne. Aus Versehen – oder war es die Absicht von Frau König? – riss er dabei die Handtasche mit sich, deren Verschluss sich öffnete, wobei sich der Inhalt über die Stufen verteilte.

»Oh weh«, kam es wieder von Frau König. »Das tut mir aber leid, ganz schrecklich leid.« Sie versuchte, sich zu bücken, um nach Taschentüchern, Portemonnaie, Lippenstift, Spiegel und noch so allerlei zu greifen.

Mittlerweile schnaubte Busfahrer Reinert vor Wut. Amy merkte, dass er am liebsten mit der alten Tattertante geschimpft hätte. Stattdessen brabbelte nun er, ähnlich wie Frau König vor sich hin, brummelte etwas von:»… wie kann man nur so döspaddelig sein … Mann, Mann, Mann … Sowas gehört nicht mehr auf die Straße, sondern ins Altersheim … oder gleich weggesperrt … alte Schachtel …«

Amy tat so, als hörte sie Musik. Sie schob sich die Kapuze über den Kopf und wirkte desinteressiert. Aus den Augenwinkeln verfolgte sie aber jede noch so kleine Bewegung von Busfahrer Reinert und Frau König und hatte arge Probleme, sich das Lachen zu verkneifen. Sie sah, dass Busfahrer Reinert sich bückte und versuchte, alle herausgefallenen Dinge aufzuheben. Dabei war ihm sein dicker Bauch gehörig im Weg. Frau König spielte ihre Rolle großartig. Sie wollte auch helfen, griff nach den Taschentüchern, ließ sie wieder fallen, griff nach dem Portemonnaie, das sich leider entleerte und Kleingeld auf die Stufen klimperte. Und immer wieder hörte man sie klagen:»Oh weh, oh weh …«

Nach einer schier endlosen Zeit, war es geschafft: Frau Königs Rollator stand im Gang, die Sachen waren wieder in ihrer Handtasche verstaut und sie humpelte mit hochrotem Kopf an Busfahrer Reinert vorbei, dessen Gesicht genauso rot war, aber aus einem ganz anderen Grund.

Kurz bevor Frau König komplett an Busfahrer Reinerts Sitz vorbeigegangen war, drehte sie sich zu ihm um und sah ihm direkt in die Augen. Amy rutschte auf ihrem Sitz tiefer und schaute aus dem Fenster. Frau König streckte den Rücken und sagte mit absolut klarer Stimme, die keineswegs mehr tüdelig und tatterig klang:»Junger Mann, ich mag alt sein, aber definitiv nicht taub. Und Ihre Unverschämtheiten zeigen eindeutig, dass Sie selbst keinen Anstand kennen beziehungsweise wohl keine Eltern hatten, die Ihnen das vermittelten. Seien Sie froh, dass ich heute gute Laune habe, was man von Ihnen wohl nicht behaupten kann, sonst würde ich dieses Verhalten Ihrem Arbeitsgeber melden. Und eine alte Schachtel bin ich sicher nicht. Ansprechen dürfen sie mich als Frau Professor König.«

Amy machte große Augen und prustete still vor Vergnügen in ihre Maske. Das war eine Frau mit Mut. Amy wagte einen kurzen Blick auf Busfahrer Reinert und schaute in ein mehr als verblüfftes Gesicht. Es verriet ihr, dass er nicht nur das ganze Ausmaß der Lage zu verstehen schien, sondern dass auch sein Hebel um ein ganzes Stück kürzer geworden war.

Bevor Busfahrer Reinerts Augen Amy erfassten, schaute sie schnell wieder aus dem Fenster und tat so, als habe sie diese ganze Situation gar nicht mitbekommen. Zum Glück nahm Busfahrer Reinert ihr das ab, jetzt. Aber wie lange würde das dauern? Er fixierte sie, vielleicht eine Spur zu lange. Sein Misstrauen war geweckt. Doch im Moment blieb ihm nichts anderes übrig, als endlich zu starten und seine beiden Passagiere nach Hause zu bringen, so gern er sie auch hier ausgesetzt hätte.

KAPITEL 7

ANGST HABEN UND TROTZDEM HANDELN

Als der Bus eine Weile fuhr, wandte sich Frau König an Amy. Sie hatte sich auf den Sitz in der gegenüberliegenden Reihe gesetzt und sprach so laut, dass Busfahrer Reinert ihre Frage hören musste.

»Wie hast du dich denn verletzt, Mädchen? Ist es schlimm?«

Amy tat immer noch so, als hörte sie Musik und reagierte nicht sofort. Sie wusste genau, dass Frau König durch diese Frage Amys Tarnung aufrechterhielt. Würde Busfahrer Reinert herausfinden, dass sich Amy und Frau König vorher schon kannten, würde er Amy ab sofort das Leben zur Hölle machen, das war so sicher wie das Amen in der Kirche.

Frau König beugte sich weiter über den Gang hinweg und klopfte an Amys Nebensitz. Amy schrak hoch und drehte sich zur Seite. Fragend sah sie Frau König an, die ihr wieder einmal verstohlen zuzwinkerte. Aus den Augenwinkeln nahm Amy wahr, dass Busfahrer Reinert zwar wieder eine normale Gesichtsfarbe hatte, die beiden aber nicht aus den Augen ließ.

»Was denn?«, fragte Amy und zog einen Stöpsel aus dem Ohr.

»Tut es sehr weh?«, fragte Frau König erneut. »Kann ich dir irgendwie helfen?«

»Nein, schon gut, danke«, erwiderte Amy, so als hätte sie ihre Rolle vorher auswendig gelernt. »Ich bin bloß ungünstig gefallen.«

»Ich bin Liane König«, stellte sich Frau König vor.

»Ich heiße Amy«, erwiderte Amy und musste grinsen. Das ging einfach nicht anders, es kam ihr so absurd vor. Und doch schien der Plan aufzugehen. Busfahrer Reinert schien das Interesse an ihrem Geplapper zu verlieren.

»Ich bin erst neu hierhergezogen«, sagte Frau König, »vielleicht kannst du mir etwas über die Gegend hier erzählen. Was gibt es denn so für interessante Geschäfte, Orte oder Museen hier?«

»Sicher«, sagte Amy, »gern.« Sie stützte sich mit ihrem »gesunden« Arm ab und erhob sich. Dann humpelte sie so auffällig in die Reihe vor Frau König, dass Busfahrer Reinert das auch mitbekam. Ein wenig musste sie noch in ihrer Rolle bleiben. Sie drehte sich zu Frau König um. »Wir haben ein kleines Kino in Demme, ein Sportgeschäft in Halldorf und in Neuenfelden gibt es fast alles, was man so täglich braucht«, sagte Amy noch etwas lauter, »da gibt es einen K&K, einen Lidl, einen Aldi, drei Frisöre, ein Handarbeitsgeschäft, einen türkischen Lebensmittelladen ...« Sie senkte ihre Stimme und grinste Frau König unter ihrer Maske breit an, dabei reckte sie den Daumen hoch. »Das war absolut genial«, sagte sie leise.

»Mmmh, ich verstehe«, antwortete Frau König, was auf beide Äußerungen passte.

»Das war wirklich mutig«, fügte Amy ernster hinzu. »Ich hätte mich das nicht getraut.«

»Nun, genau genommen, hast du es dich ja getraut. Zusammen mit mir!«

»Ja, aber nicht allein!«, fügte Amy an.

»Man muss einen Kampf ja nicht allein ausfechten, wenn man Hilfe bekommen kann«, meinte Frau König. »Sicher, man sagt, dass mehr Mut nötig ist, wenn man sich einem Gegner allein stellt. Aber Mut ist Mut. Ich hätte mich das allein auch nicht getraut.«

Amy schaute verblüfft drein, sodass Frau König auflachen musste.

»Etwas gegen ein bestehendes Unrecht zu unternehmen, ist das Schwerste überhaupt«, sagte Frau König nun nachdenklich. »Und dabei auch noch gewaltlos zu bleiben, geduldig, mutig und stark. Das kann einen schnell an seine persönlichen Grenzen bringen. All das bedarf es nämlich, um etwas Schlechtes in etwas Gutes zu verwandeln: Mut, Geduld, Mut, Liebe, Mut, Durchhaltevermögen und wieder Mut. Trotz seiner Angst zu handeln, etwas gegen das Unrecht tun, das ist sicherlich die beste Definition von Mutigsein. Du hast vorhin von einer Frau gesprochen, von Rosa Parks, die 1996 mit der höchsten zivilen Ehrung ausgezeichnet wurde, die es in Amerika gibt. Weißt du etwas über sie?«

»Nur, dass sie für etwas geehrt wurde, das sie vor vielen Jahren gemacht hatte«, erwiderte Amy, die in ihrem Gedächtnis kramte.

»Hat sie nicht gegen das Unrecht protestiert, gegen die Diskriminierung der Schwarzen?«

»Mittlerweile sind es mehr als sechzig Jahre. Rosa Parks lebt ja schon längst nicht mehr«, erklärte Frau König. »Aber ja, du hast recht. Rosa Parks hat sich lange Zeit ihres Lebens für die Aufhebung der Rassentrennung eingesetzt. Sie hat später mit Martin Luther King zusammengearbeitet. Der sagt dir etwas, oder?«

»Klar«, erwiderte Amy. »Wer kennt den nicht? Wir haben ihn in Religion und Geschichte behandelt. Er war ein schwarzer Prediger in den 1960er Jahren, der die Menschen dazu aufgefordert hat, gegen die Rassentrennung vorzugehen, aber absolut gewaltlos.«

Der Bus hielt und Herr Peter stieg ein. Er war Amys Schulleiter. Manchmal fuhr er donnerstags auch mit Linie 5. »Sie sind aber spät dran heute«, sagte er zu Busfahrer Reinert, während er an ihm vorbeiging. Was Busfahrer Reinert darauf erwiderte, konnte Amy nicht verstehen, sie sah aber seinen wütenden Blick im Rückspiegel. Herr Peter nickte Frau König kurz zu und begrüßte Amy mit einem freundlichen: »Hallo, Amy, na, Tennis, wie immer?« Dann setzte er sich nach hinten und las in seinem Buch, das er beim Einsteigen schon in der Hand gehalten hatte.

Amys Blick fiel durch die Seitenscheibe auf ein Werbeplakat, das am Bushäuschen klebte. »Feel Free«, lautete der Slogan und warb für ein Kaugummi. Wenn man dieses Kaugummi kaute, konnte man anscheinend alles tun, was man wollte, und sah dabei auch noch gut aus.

Frau König war ihrem Blick gefolgt und lächelte. »Vielleicht sollten wir uns dieses Kaugummi nächstes Mal kaufen und kauen und uns dann ganz frei fühlen. Ich würde so einiges gern ungeniert tun …« Ihr Blick fiel auf Busfahrer Reinert. »Wusstest du aber auch«, fügte sie hinzu, »dass Martin Luther King erst durch Rosa Parks so richtig in Fahrt kam? Man könnte sagen, dass sie der Tropfen war, der das Fass zum Überlaufen brachte. Und ihr eigener kleiner Kampf hat damals auch in einem Bus begonnen.«

Neugierig sah Amy Frau König an. Diese Frau wusste eine Menge, das faszinierte Amy.

»Genau genommen blieb sie sitzen, um gegen das Unrecht aufzustehen.«

»Verstehe ich nicht«, gab Amy zu. »Wie ist das gemeint, sitzenbleiben, um aufzustehen? Hat sie eine Schulklasse wiederholt? Aber was hat das mit der Bekämpfung des Unrechtes zu tun?« Amy war vollkommen verwirrt.

Doch Frau König lachte auf. »Stimmt«, lachte sie immer noch, »so kann man das Wort auch verstehen. Es ist nicht das Sitzenbleiben in der Schule gemeint, Amy, dieses Wort schreibt man auch zusammen, was man ja beim Sprechen nicht sieht, ist wohl wahr. Es ist nicht das Hängenbleiben in einer Klasse oder das Wiederholen eines Schuljahres gemeint, sondern ich sprach davon, sitzen zu bleiben. Also wortwörtlich auf einem Sitz sitzen bleiben.«

Amy verstand jetzt überhaupt nichts mehr. Ein riesengroßes Fragezeichen schien über ihrem Kopf zu schweben.

Frau König lachte noch einmal laut auf, dann sagte sie: »Rosa Parks Kampf hat – ähnlich wie unser Kampf heute – auch in einem Bus begonnen. Du musst wissen, dass es damals in Amerika die Rassentrennung gab. Schwarze durften keine Restaurants für Weiße besuchen, sie durften nicht auf Schulen für Weiße gehen, sie durften die Parkbänke der Weißen nicht benutzen oder den Wasserspender, und sie durften nicht ...«

»... lassen Sie mich raten!«, warf Amy ein. »Sie durften nicht auf Plätzen der Weißen im Bus sitzen?«

Frau König nickte. »Ganz richtig! In diese Zeit ist Rosa Parks hineingeboren worden. In der Stadt Montgomery waren diese Trennungen damals sehr stark ausgeprägt. Überall gab es Schilder ›Whites only‹ oder ›Coloreds only‹, also nur für Weiße oder nur für Schwarze. Und die Busse, wie du ganz richtig erkannt hast, waren eben auch in Zonen für Weiße und für Schwarze getrennt. Die ersten vier Reihen vorne waren immer für die Weißen reserviert. Dann gab es hinten die Zone für die Schwarzen. Der mittlere Bereich durfte auch von den Schwarzen benutzt werden, solange kein Weißer dort sitzen wollte. Betrat nur ein weißer Fahrgast den mittleren Bereich, so musste nicht nur der Sitz, sondern die gesamte Reihe von den Schwarzen geräumt werden.«

»Wie ungerecht!«, empörte sich Amy. »Wieso haben die dann das überhaupt eingeführt? Das ist doch völlig idiotisch.«

»Das sagst du, weil du es nicht anders kennst«, erklärte Frau König. »Vielleicht verstehst du es besser, wenn du an unsere eigene Geschichte denkst. Hier hat es vor dem Zweiten Weltkrieg und auch währenddessen ebenfalls eine Zeit der Unterdrückung und Diskriminierung gegeben, die in Massenmorden endete. Juden, Ausländer, Andersdenkende, Behinderte, sie alle hatten nicht die gleichen Rechte wie die anderen, die als ›reine‹, also ›gute‹ Deutsche galten. Man hat sie verfolgt, entrechtet und getötet.«

Amy nickte. Sie war nachdenklich geworden. Davon hatte sie schon gehört, und sie wusste, dass dieses Thema spätestens in Klasse 8 in Geschichte auf dem Lehrplan stand.

»Du hast erzählt, dass ihr euch im Fach Politik mit den Präsidenten der USA beschäftigt«, fuhr Frau König fort, »dann hast du sicher auch von Abraham Lincoln gehört.«

Amy schossen die Bilder aus dem Vampirjägerfilm durchs Hirn. Sie wischte sie schnell beiseite und konzentrierte sich auf das, was sie durch die Internetrecherche erfahren hatte.

»Er war der Präsident zur Zeit des Bürgerkriegs um 1860«, rezitierte Amy. »Die Nordstaaten wollten die Sklaverei abschaffen, die Südstaaten wollten ihre Sklaven behalten. Gewonnen haben die Nordstaaten, sodass alle Menschen jetzt nach dem Gesetz und der Verfassung gleich waren.«

»Ich bin beeindruckt«, sagte Frau König. »Du weißt viel darüber. Aber die Schwarzen waren nicht wirklich frei und schon gar nicht gleich. Die meisten konnten nicht lesen oder schreiben und stießen überall noch auf Ablehnung und Diskriminierung, vor allem im Süden des Landes wuchs der Hass auf sie.«

»Ist ja logisch«, meinte Amy. »Wenn die Plantagenbesitzer ihre Sklaven verloren und diese Arbeit nun bezahlen sollten ...«

Frau König nickte. »Hinzu kam, dass die Schwarzen die Arbeiten machen mussten, für die sich die Weißen als zu fein erachteten, sonst wären sie verhungert. Verfolgung, Misshandlung bis hin zur Lynchjustiz waren an der Tagesordnung. Es wurden immer mehr Gesetze erlassen, die die Rechte der Schwarzen einschränkten, besonders das Wahlrecht.«

»Und in dieser Zeit hat Rosa Parks gelebt?«, fragte Amy.

»Richtig. In dieser Zeit und vor allem an diesem Ort. Sie lebte die ersten Jahre ihres Lebens in Montgomery, das ist die Hauptstadt von Alabama, tief im Süden der USA. Hier hat der Kampf von Martin Luther King begonnen. Und hier hat Rosa Parks den Anstoß dazu gegeben.«

Der Bus fuhr in die gedehnte Linkskurve, was für Amy das Zeichen war, dass sie gleich in Neuenfelden ankamen.

»Wir sind gleich da«, sagte sie.

»Sollen wir unser kleines Spielchen noch fortsetzen?«, fragte Frau König. »Oder lassen wir die Tarnung fallen?«

Doch Amy war schon aufgestanden und humpelte ein Stück auf Herrn Peter zu.

»Entschuldigung«, fragte sie höflich, »könnten Sie der Dame mit dem Rollator bitte beim Aussteigen helfen? Ich kann heute nicht so gut. Dabei deutete sie auf ihren Fuß. »Dann müssen wir Herrn Reinert nicht belästigen, er war vorhin schon so freundlich, uns beim Einsteigen zu helfen.«

Amy hörte ein unterdrücktes Prusten hinter sich und sah, dass Frau König in ihre Maske hustete.

»Selbstverständlich, Amy«, erwiderte Herr Peter, »das ist gar kein Problem.« Er stand auf, verstaute sein Buch in seiner Umhängetasche und griff nach dem Rollator. Als der Bus hielt, setzte er das Gerät nach draußen und fasste Frau König sachte unter den Arm. Vorsichtig half er ihr die Stufen hinab.

»Brauchst du auch Hilfe?«, fragte er Amy. »Sieht ja schlimm aus!«

Doch Amy stand schon draußen. Die Türen schlossen sich und Amy winkte Herrn Peter noch einmal zu, der sich wieder auf seinen Platz setzte.

Als der Bus um die nächste Ecke gefahren war, lachten Amy und Frau König lange, laut und ausgelassen.

»Das war ein herrlicher Spaß!«, meinte Frau König. »Und welch Wunder, Arm und Fuß sind wieder geheilt!«

»Und Ihre alten Knochen auch«, fügte Amy hinzu.

»Schön wäre es«, seufzte Frau König, »die alten Gräten fühle ich leider dennoch!«

Langsam drehte sie sich nach links, während Amy ihren Weg nach rechts einschlug. Dann schien der alten Frau etwas einzufallen, denn abrupt wandte sie sich noch einmal um.

»Warum nehmt ihr nicht Lyndon B. Johnson?«, fragte sie unvermittelt.

Amy stoppte und fragte: »Wen?«

»Lyndon B. Johnson«, wiederholte Frau König. »Das war der Nachfolger von Kennedy. Kennedy war doch auch schon vergeben, stimmt's? Johnson war der Präsident, unter dem die Rassegesetze für illegal befunden und aufgehoben wurden und unter dem Rosa Parks zusammen mit Martin Luther King ihren Kampf gewann. Such im Internet mal nach ›Civil Rights Act‹. So schlägst du zwei Fliegen mit einer Klappe. Du stellst einen Präsidenten vor, was ja offiziell eure Aufgabe ist, kannst aber gleichzeitig auch über Rosa Parks berichten!« Dann schob Frau König ihren Rollator weiter.

Amy holte ihr Handy hervor und gab den Begriff *Civil Rights Act* in Google ein. Während sie nach Hause ging, hielt sie ihren Blick auf das beleuchtete Display gesenkt. Nach nur wenigen Augenblicken glänzten ihre Augen. Sie kopierte den Link und schrieb eine Nachricht an Vanessa: »Lyndon B. Johnson, das ist unser Mann.«

Das war die beste Idee seit Langem, und endlich sah Amy wieder Licht am Horizont, auch wenn Busfahrer Reinert immer noch wie eine drohende Gewitterwolke vor der Sonne herumlungerte.

»Und Rosa Parks«, fügte Amy ihrer Nachricht an Vanessa hinzu, »das ist unsere Frau!«

KAPITEL 8

DISKRIMINIERUNG

Vanessa war mehr als einverstanden mit der Auswahl. Gleich am nächsten Morgen teilten die beiden Mädchen das Frau Wilke mit. Dass sie auch über Rosa Parks referieren wollten, behielten sie erst einmal für sich. Sie mussten noch eine Menge lesen und eine gute Idee zur Präsentation entwickeln.

»Prima«, sagte Frau Wilke und trug den Namen in die Liste. »Jetzt hat jedes Team einen Präsidenten gewählt.« An alle gewandt sagte sie: »In den nächsten beiden Stunden müssen wir noch unseren Klassensprecher beziehungsweise unsere Klassensprecherin wählen. Macht euch bis dahin schon einmal Gedanken. Und die amtierende Klassensprecherin denkt darüber nach, ob sie sich noch einmal aufstellen und das Amt fortführen möchte. Und dann habe ich noch eine ganz schlimme Nachricht für euch, die euch entsetzen wird.« Frau Wilke setzte eine ernste, fast trauernde Miene auf und sagte mit Bedauern in der Stimme: »Leider, leider müssen heute die letzten beiden Stunden ausfallen.«

Jubel brach los und alle klatschten in die Hände.

»Na ja«, sagte Frau Wilke lächelnd, »ich hatte auch nicht wirklich angenommen, dass einer von euch darüber traurig sein würde ...«

Frau Wilke war cool, sie foppte die Klasse gerne einmal. Im letzten Schuljahr hatte sie eine Arbeit wiedergegeben, die in den Augen der Schülerinnen und Schüler »sauschwer« gewesen war. Sie war vor Amy stehen geblieben und hatte ganz ernst gesagt: »Tja, Amy, das war nichts. Tut mir leid!« Amy hatte sie entsetzt angestarrt. Klar, ein mieses Gefühl hatte sie schon auch gehabt, aber eine Fünf? Natürlich war das auch schon einmal vorgekommen, aber selten, denn Amy war zwar nicht die Fleißigste, aber sie war schlau. Zumindest hatte das bisher immer für gute Arbeiten gereicht. Mit zitternden Händen hatte Amy die Arbeit entgegengenommen und ungeduldig die letzte Seite aufgeschlagen. Im gleichen Augenblick hatte Frau Wilke über das ganze Gesicht gegrinst und gesagt: »Schön, dich auch mal reinlegen zu können!« Auf der letzten Seite, ganz unten hinter den erreichten Punkten, prangte eine dicke fette Zwei.

In der Pause wurden Daniel und Amy ins Sekretariat gerufen. »Guten Morgen, ihr zwei«, begrüßte sie Frau Martin. »Ich habe einen Brief für euch.« Mit diesen Worten reichte sie die Briefe über die Anmeldetheke, die sich seit der Coronazeit hinter Glas befand. Fragend sah Amy Frau Martin an.

»Die Einladung zu den Klassenkonferenzen der 7a und der 7b«, erklärte Frau Martin. »Das wird eine große Runde. Haltet euch den 12. September frei!«

»Geht klar«, erwiderte Amy.

»Danke«, sagte Daniel.

Hinter ihnen traten die Konferenzvertreter aus der 7a ein, Maren und Alexander. Auch sie bekamen Briefe.

Auf dem Weg zum Pausenhof sagte Daniel: »Ich habe da kein gutes Gefühl. Kevin, Max und Anatol sind zwar jetzt nicht in der Schule, aber wie werden sie sich wohl verhalten, wenn sie alle drei wieder da sind?«

Amy knuffte Daniels Arm. »Ich passe einfach in den Pausen auf dich auf!«, schlug sie schmunzelnd vor. »Versprochen!«

»Da gibt es nur ein Problem«, sagte Daniel ernst.

»Welches denn?« Für Amy stellte jedes Problem eine Herausforderung dar, die es zu lösen galt.

»Du kannst mir nicht auf die Jungentoilette folgen!« Daniel hatte das todernst gesagt. Als er Amys verblüfftes Gesicht sah, prustete er los und knuffte sie auch am Arm. »Lass mal, Amy«, lachte er, »das kriege ich schon hin. Außerdem haben meine Eltern eine Strafanzeige gestellt. Die drei können nicht ewig so weitermachen, und wer weiß, was die Konferenz beschließt. Und bis dahin sind sie ja nicht hier.«

»Was man nur allzu deutlich merkt«, meinte Amy. »Nicht nur die Fünftklässler sind beruhigt, auch Ben, Karla und Johann. Die wurden sonst ja ziemlich oft von Kevin und den anderen angegangen.«

Daniel nickte zustimmend. »Vielleicht muss auch die Schülervertretung einmal darüber beraten. Nimm das doch für die nächste Sitzung auf die Tagesordnung.«

»Mach ich«, versprach Amy, »falls ich wiedergewählt werde!«

»Natürlich wirst du! Es gibt keine bessere Klassensprecherin«, sagte Daniel mit Nachdruck. »Du sprichst wenigstens das aus, was andere sich nicht trauen. Meine Stimme hast du auf jeden Fall!«

»Danke dafür«, sagte Amy trocken, »aber manchen passt das eben gerade nicht, dass ich die unangenehmen Dinge ausspreche.«

»Vielleicht liegt das nicht daran, *dass* du sie aussprichst, sondern wie«, erwiderte Daniel und zwinkerte ihr zu. Dann erkannte er Adham in einer Gruppe von Mitschülern und verabschiedete sich hastig von Amy, bevor die sich wieder über seine Kritik aufregen konnte. »Bis gleich dann«, sagte er.

Amy wandte sich nach links. Sie wollte Vanessa suchen und sich mit ihr in die Mensa setzen. Es nieselte mal wieder, und Amy verspürte nicht den Wunsch, nass zu werden. Das war in den letzten Tagen ein Dauerzustand. Auf dem Weg zur Mensa sah sie Ben. Umständlich wie immer, versuchte er die Tür aufzubekommen. An sich schaffte er das mit einem Arm, mit dem ganzen Arm, ganz gut, doch heute trug er eine Kiste mit Kerzen. Darauf stand: Kerzen aus eigener Herstellung – Bienen-AG.

Amy sah, dass er sich abmühte, mit dem Stumpf die Tür aufzuziehen, einen Fuß in den Spalt zu bekommen, als das nicht funktionierte, balancierte er die Kiste auf dem halben Arm, drückte sie fest an die Schulter und unters Kinn und griff mit der gesunden Hand nach der Tür. Die Kiste rutschte und er musste seinen Versuch abbrechen. Amy verspürte ständig eine Ungeduld in sich aufsteigen, wenn sie Ben sah. Kurzerhand ging sie auf ihn zu, nahm ihm die Kiste ab und hielt ihm die Tür auf.

»Danke, Amy«, sagte er und ging hindurch. Es wäre alles gut gewesen, wäre da nicht diese Ungeduld gewesen. Jemandem zu helfen, weil er gerade nicht allein klarkam, kein Problem, und so hatte Ben das bis zu diesem Zeitpunkt sicherlich auch gesehen. Doch Amy konnte einfach nicht an sich halten.

»Warum musst du auch unbedingt die Kiste tragen?«, rüffelte Amy Ben an. »Überlass das doch anderen, die es besser können!«

Ben blieb stehen und sah Amy überrascht an. »Aber ich möchte sie gern tragen«, sagte er. »Ich möchte meiner AG helfen!«

»Warum suchst du dir dann nicht eine Aufgabe, die du besser erledigen kannst?«, fragte Amy und merkte, wie zornig sie wurde. Warum eigentlich? Eine Erklärung hatte sie dafür nicht. »Warum muss es unbedingt die Kiste sein? Du musst doch wissen, dass du bei jeder Tür Schwierigkeiten bekommst. Und wenn dann andere dir helfen müssen, bist *du* nicht wirklich eine große Hilfe!« Bens Augen füllten sich mit Tränen. Amy merkte, dass sie zu weit gegangen war. Warum musste sie auf Bens Unfähigkeit herumhacken, anstatt eine Lösung zu finden? Und die Lösung hatte sie doch gefunden: einfach die Tür aufhalten. Sie hatte zwei Arme, das war für sie kein Problem, die Hilfe war auch für Ben kein Problem. Erst in dem Moment, als sie auf seine Behinderung, sein Handicap Bezug nahm, wurde es zu einem. Sie hatte vom Elefanten verlangt, unter dem Baum zu stehen, obwohl er gerne hinaufgeklettert wäre. Warum konnte Amy hier keine Rampe bauen?

»Es tut mir leid, Ben«, sagte sie schnell. »Wirklich! Es war nicht so gemeint.«

Ben sah sie einen Moment lang schweigend an und rang mit seinen Tränen, dann sagte er ruhig: »Ich kenne dich, Amy. Und ich glaube, es war *genau so* gemeint. Eigentlich reicht es vollkommen, wenn Kevin mich beleidigt und unfair behandelt ...« Er machte eine kurze Pause, dann fügte er scharf hinzu: »Hast du mal darüber nachgedacht, dass nicht mein fehlender Arm das Problem ist, sondern die Tür?«

Dann nahm er ihr die Kiste aus der Hand, drehte sich um und ging davon. Sie sah seine kleine Gestalt zwischen den größeren Schülern verschwinden.

»... oder Menschen wie ich, die auf deinem Handicap herumreiten«, dachte Amy und war todtraurig.

Als alte und neue Klassensprecherin verließ Amy mit Vanessa zusammen das Schulgebäude. Sie quatschten ausgelassen miteinander. Alles, was vorher gewesen war, hatte Amy erfolgreich verdrängt. Das Wochenende konnte kommen.

»Morgen habe ich ein Tennisspiel«, sagte Amy, als sie gut gelaunt den Bus bestiegen. Da sie nach der vierten Stunde aushatten, saß hinterm Steuer Bertram. Der ging in Ordnung. Er war zwar lange nicht so freundlich wie Karin, aber definitiv auch nicht so miesepetrig wie Busfahrer Reinert. Allein schon der Umstand, dass die Schüler alle Busfahrer mit Vornamen anreden durften, nicht aber Busfahrer Reinert, erklärte doch schon alles. »Sonntag könnten wir uns aber treffen«, fuhr Amy fort. »Ich bin gespannt, was wir alles über diesen Johnson erfahren!«

»Und über Rosa Parks«, ergänzte Vanessa.

Der Sonntag kam schnell. Amy hatte ihr Freundschaftsspiel am Samstag nicht so souverän gewonnen, wie sie sonst ihre Spiele gewann. Achim hatte sie gegen eine Gegnerin aus einer höheren Altersklasse antreten lassen, um Amy zu fordern. Die Spiele in ihrer eigenen Altersgruppe waren mittlerweile nur schnöde Pflichterfüllung. Selten einmal verlor Amy mehr als ein Spiel, geschweige denn einen ganzen Satz. Das Mädchen, gegen das sie Samstag gespielt hatte, hieß Philippa und war schon 15 Jahre alt. Sie trainierte bereits seit einem Jahr in der Landesauswahl. Philippa war eine harte Nuss. Ihre Aufschläge kamen ebenso rasant übers Netz wie die von Amy, sodass Amy beweisen musste, dass sie auch einen hervorragenden Return hatte. Den ersten Satz, der für Amy eh verloren schien, weil sie 0:4 hintenlag, nutzte sie, um ihre Gegnerin besser kennenzulernen. Sie probierte Bälle aus, spielte mal kurz, mal lang, mal Volley, mal mit Spin, mal Slice.

Dann hatte sie die Schwachstelle gefunden. Philippa hatte eine enorm gute Vorhand, vermied aber die Rückhand. Sie umlief die Bälle und spielte auch diese mit der Vorhand. Leider öffnete sie aber dabei fast das gesamte Feld. Nachdem sie den ersten Satz 1:6 verloren hatte, hatte Amy sich auf ihre Gegnerin eingestellt. Sie spielte nun fast alle Bälle auf die Rückhand, versuchte sie lang ins Eck zu drücken, dann stoppte sie die Bälle kurz hinterm Netz auf der Vorhandseite. Nach einem harten Kampf und einem Match, das fast zwei Stunden dauerte, ging Amy als Siegerin vom Platz.

»Gut gespielt!«, gratulierte ihr Philippa. »Ich muss definitiv an meiner Rückhand feilen!« Sie lächelte und nahm die Niederlage nicht krumm.

Auch Achim hatte Amy gratuliert. »Du hast das strategisch gut gemacht«, hatte er gesagt, »du hast den verlorenen Satz genutzt, um die Schwächen deines Gegners zu erkennen, und hast dann dein Wissen in Satz zwei und drei dazu verwendet, ihn zu besiegen. Man muss nicht immer der Ältere oder Stärkere sein, um zu gewinnen, sondern der Schlauere.«

Jetzt saßen die beiden Mädchen bei Amy im Zimmer am Laptop und suchten im Internet nach Informationen.

»1913 wurde Rosa Parks geboren«, las Amy, »meine Güte, das ist lange her. Das war ja noch vor dem Ersten Weltkrieg!«

Amy hatte Vanessa von dem Gespräch mit Frau König im Bus erzählt, von der Geschichte der Befreiung der Sklaven berichtet, vom Bürgerkrieg unter Lincoln und der angeblichen Gleichheit aller Menschen vor dem Gesetz.

»Die Kämpfe der Schwarzen um Befreiung haben also eine lange Tradition. Sie haben also schon ewig diesen Kampf gegen die Diskriminierung geführt«, sagte Vanessa nachdenklich.»Was genau heißt das eigentlich?«

»Was meinst du? Diskriminierung?«

Vanessa nickte und gab das Wort in die Suchmaschine ein.

»Unter Diskriminierung versteht man die ungerechtfertigte Benachteiligung von einzelnen Menschen innerhalb einer Gesellschaft, die aufgrund ihrer Andersartigkeit stattfindet‹«, las sie vor.»Das kann eine andere Hautfarbe sein, eine andere Religion, eine Behinderung, aber auch die Herkunft oder das Geschlecht. Oft spielen dabei Vorurteile eine Rolle, weshalb diese Menschen unfair behandelt, ausgegrenzt oder sogar angegriffen werden.‹«

»Hier sieh mal«, sagte Amy,»hier steht noch mehr. Hier steht: ›Demokratie duldet keine Diskriminierung. Auch oder gerade, weil die Menschen nicht alle gleich sind, müssen sie doch die gleichen Möglichkeiten haben, müssen gleich behandelt, gleich angesehen werden und gleich viel wert sein. Frauen dürfen nicht anders behandelt oder schlechter bezahlt werden, nur weil sie Frauen sind, Homosexuelle dürfen nicht ausgegrenzt oder als schwul beschimpft werden, nur weil sie einer anderen Auslebung ihrer Sexualität nachgehen, Menschen mit Handicap dürfen nicht ausgegrenzt oder als behindert beschimpft werden, nur weil ihnen ein Körperteil fehlt oder sie geistig nicht ausgereift sind, Menschen anderer Religion dürfen nicht …‹« Amy unterbrach ihre Lektüre. Sie schluckte.»Ich wusste gar nicht, dass all das da drunter fällt. Ich dachte, dass sich das Wort nur auf die Hautfarbe bezieht.« In diesem Moment fiel ihr das Gespräch an ihrem Einschulungstag mit ihrer Mutter wieder ein. Damals hatte Amys Mutter auch das Wort Diskriminierung benutzt, aber im Zusammenhang mit Ben, also mit seiner Behinderung. Sie schluckte wieder, als sie an ihr Verhalten Ben gegenüber am Freitag in der Schule dachte. Sie hatte sich ihm gegenüber also auch diskriminierend verhalten. Das war eine bittere Wahrheit, die sie jetzt erkannte.

Dann las sie weiter:»Eine demokratische Gesellschaft muss sich entschieden gegen jegliche Art von Diskriminierung zur Wehr setzen, sonst ist sie nicht demokratisch! Bei jedem Einzelnen fängt Demokratie an.‹«

»Das sollten wir Busfahrer Reinert mal unter die Nase reiben«, erwiderte Vanessa.»Er verhält sich allem und jedem gegenüber diskriminierend, der nicht der Norm oder besser gesagt *seiner* Norm entspricht.«

Amy wurde ganz still. Sie konnte nicht anders. Leichenblass und schluchzend erzählte sie Vanessa schließlich von Freitag, von Ben, der Tür, der Kiste und vor allem von ihren harten Worten.

»Ich bin genauso wie Busfahrer Reinert, Nessi, ich bin um nichts besser!«

Vanessa sagte lange nichts. Sie hielt ihre Freundin einfach im Arm und wartete, bis ihre Tränen versiegten.

»Du bist ganz anders als Busfahrer Reinert«, sagte sie schließlich.»Oder kannst du dir Busfahrer Reinert vorstellen, wie er weinend auf dem Sofa sitzt und darüber nachdenkt, wen er vor den Kopf gestoßen hat?«

Amy schluchzte noch einmal und wischte sich die Tränen vom Gesicht. Sie sah Vanessa erstaunt an.

»Du weißt doch«, sagte Vanessa,»nicht Perfektion, sondern das Bemühen ist wichtig, wie Frau Wilke immer sagt, wenn sie eine Arbeit zurückgibt.«

KAPITEL 9

SITZEN BLEIBEN, UM AUFZUSTEHEN

Nachdem Amy sich alles vom Herzen geredet hatte, nahmen die beiden Mädchen ihre Suche nach Informationen und Fotos wieder auf. Sie entschlossen sich dazu, sich aufzuteilen. Während Vanessa Informationen über Lyndon B. Johnson zusammentrug, wollte Amy weiter über Rosa Parks recherchieren.

Sie legte sich Notizblatt und Bleistift zurecht und kritzelte drauflos. Nach einer Stunde hatte sie eine Liste mit den wichtigsten Daten über Rosa Parks erstellt. Vanessa hatte das Gleiche mit den Informationen zu Johnson getan.

»Wir sollten uns bei ihm auf die wesentlichsten Rahmendaten beschränken«, meinte sie, als sie die Liste ausdruckte und Amy rüberschob. »Schließlich wird er nur der Alibi-Präsident. Die Hauptperson unserer Präsentation wird ja Rosa Parks sein!«

»Wie Frau Wilke wohl darauf reagiert?«, fragte Amy und war sehr nachdenklich. »Sie könnte uns vorwerfen, am Thema vorbeigeschrammt zu sein.«

»Vielleicht sollten wir einen aktuellen Grund nennen, warum uns Rosa Parks und ihr Kampf gegen das Unrecht so wichtig sind«, sagte Vanessa.

»Probleme mit Rassismus gibt es, soweit ich weiß, an unserer Schule nicht, religiöse Probleme eher auch nicht …«, grübelte Amy, »aber wir haben ein Problem mit Behinderten! Da schließe ich mich mit ein. Die Siebtklässler, die jetzt vor einer Klassenkonferenz stehen, haben schon öfter Ben, Karla und Johann gemobbt. Im Nordgebäude gibt's keinen geeigneten Fahrstuhl, der Karla mit ihrem Rollstuhl überall hin transportieren kann, viel zu klein. Es gibt Räume, die für sie nicht erreichbar sind, das sollte nicht so sein. Die Klassenräume sind zu klein, da wird es mit Krücken oder Rollstuhl ziemlich eng, die Waschbecken sind zu hoch …«

»Und vergiss die Türen nicht«, warf Vanessa ein. Amy nickte. Das Bild von Ben mit der Kiste im Arm und sein verzweifelter Versuch, die Tür aufzubekommen schoss in ihre Gedanken.

»Aber das sind alles nur bauliche Mängel«, sagte sie grübelnd, »viel schlimmer ist unser Umgang miteinander. Wir sollten versuchen, allen einen Spiegel vorzuhalten, ohne sie zu kränken … Nur wie, nur wie …«

Es klopfte an die Zimmertür. Amys Mutter lugte kurz herein und fragte: »Vanessa, bleibst du zum Essen? Ich müsste nur kurz wissen, wie viele Pfannkuchen ich backen muss.«

»Pfannkuchen? Lecker!«, sagte Vanessa. »Ich bleibe sehr gern.«

»Gut«, erwiderte Frau Heine. »Ich sag deiner Mutter Bescheid, dass ich dich nach dem Essen nach Hause bringe … Wie ich sehe, seid ihr immer noch fleißig?« Ihr Blick fiel auf den Monitor. »Rosa Parks«, meinte sie anerkennend, »sehr interessante Frau. Habt ihr schon gelesen, dass die Schwarzen damals über ein Jahr lang keinen Bus mehr benutzt haben? Dass sie zu Fuß gegangen sind oder sich zusammen ein Taxi genommen haben, das sie zum Bustarif transportierte? Martin Luther King hat diesen Busboykott zum Anlass genommen, seinen gewaltlosen Widerstand gegen die Rassegesetze auszuweiten. Die Stadt Montgomery hat dadurch viel Geld verloren, ist fast pleite gegangen, weil die Schwarzen nicht mehr mit den Bussen fuhren. Der oberste Gerichtshof musste schließlich einlenken und hat die Rassentrennung in den Bussen gesetzlich aufgehoben. Später dann sind die *Freedom Rides* daraus entstanden. Die Freiheitsfahrten in den Überlandbussen ...«

»Ja, Mama«, lachte Amy, »wissen wir alles. Aber danke!«

»Na, dann lass ich euch mal wieder«, sagte Frau Heine und machte die Tür leise hinter sich zu.

»Mütter«, sagte Amy und verdrehte die Augen.

»Sie weiß eine Menge«, meinte Vanessa. »Das scheint auf jeden Fall ein Thema zu sein, das damals interessierte und heute auch noch. Zeig mal deine Stichpunkte!«

Amy griff nach ihrer Liste und las vor:

Rosa Parks

- geboren 1913 in Alabama, USA, hatte einen Bruder
- Mutter Lehrerin, Vater Zimmermann
- besuchte die *Montgomery Industrial School for Girls*
- hat auf der Farm ihrer Großeltern gelebt
- wurde von der Mutter und auch von den Lehrern der Schule zu Selbstachtung und Selbstständigkeit erzogen
- wuchs mit der Angst vor dem Ku-Klux-Klan auf (eine mordende rassistische Gruppe weißer Männer und Frauen, die Lynchjustiz an Schwarzen betrieben, sie versteckten sich hinter weißen Kapuzen, Masken und Gewändern)
- wurde als Nigger beschimpft, obwohl das mittlerweile verboten war
- heiratete 1932 Raymond Parks

- der oberste Gerichtshof erklärte bereits 1954 die Rassentrennung an den Schulen für verfassungswidrig (vor dem Gesetz sind alle gleich)
- wurde Sekretärin der NAACP (der National Association for the Advancement of Colored People), also der gewaltlosen Bürgerrechtsbewegung, die sich gegen die Diskriminierung der Schwarzen stellte
- sie setzte sich persönlich für das Recht schwarzer Frauen und Männer ein beziehungsweise kämpfte gegen das Unrecht ihnen gegenüber
- 1. Dezember 1955 historische Busfahrt von Montgomery: Weigerung, ihren Sitzplatz freizumachen, Verhaftung und Verurteilung zu einer Geldstrafe
- Umzug nach Detroit, da sie und ihr Mann bedroht wurden
- Zusammenarbeit mit Martin Luther King, der sich an die Spitze der Bürgerrechtsbewegung setzte. In dieser Zeit wird John F. Kennedy Präsident
- Zitat Kennedy: »Es gehört zur amerikanischen Tradition, für seine Rechte aufzustehen, auch wenn man sich hierfür neuerdings hinsetzen muss.« (Anspielung auf Rosa Parks im Bus)
- Fortsetzung ihrer politischen Aktivitäten auch nach dem Tod ihres Mannes
- 1996 Ehrung durch Bill Clinton
- 2005 im Alter von 92 Jahren verstorben, Ehrung im Kapitol

Zitat von 1999 bei der Verleihung der Goldenen Ehrenmedaille des Kongresses für ihr Lebenswerk:

›Ich tue mein Bestes, um das Leben optimistisch und hoffnungsvoll zu sehen und freue mich auf bessere Tage. Ich glaube nicht, dass es so etwas wie komplettes Glück gibt. Es ist schrecklich, dass der Ku-Klux-Klan noch immer aktiv ist und dass es nach wie vor Rassismus gibt. Wenn jemand glücklich ist, gibt es nichts mehr, was man braucht und sich wünscht. An diesem Punkt meines Lebens bin ich bis jetzt noch nicht angekommen.‹

Ich habe noch ein zweites Zitat von ihr gefunden, das wir gut verwenden können:

›Ich hatte keine Angst. Da war mehr die Erleichterung zu wissen, ich war nicht allein.‹

Das wäre für unsere Präsentation ein guter Ansatz: Gemeinsam sind wir stark oder so ähnlich, Hilfe von anderen annehmen, das Beste versuchen, gegen Unrecht vorgehen und so.«

Vanessa wirkte nachdenklich. »Da hast du wirklich schon gute Ideen«, sagte sie schließlich. »Was für eine schlimme Zeit. Das Gesetz sagte eindeutig, alle sind gleich oder sollten gleich behandelt werden. In der Realität hieß es aber eher ›gleich und doch getrennt‹. Die Menschen wurden nicht wirklich gleich behandelt. Die Schulen, Krankenhäuser und, wie ich herausgefunden habe, auch die Wohnviertel waren für die Schwarzen um einiges schlechter als die für die Weißen. Und dann auch noch die Aufteilung der Sitzreihen in den Bussen. Es wurden viel mehr Plätze für Weiße reserviert, als gebraucht wurden. Es fuhren nur wenige Weiße mit dem Bus, die Haupteinnahmequelle der Stadt war die schwarze Bevölkerung. Und diese Menschen, die hart arbeiteten, mussten stehen, obwohl noch Plätze frei waren. Stell dir das mal vor, Amy. Du arbeitest den ganzen Tag, mehr als zwölf Stunden, für wenig Geld und das sechs Tage in der Woche. Und dann sollst du aufstehen, wenn ein Weißer kommt, obwohl noch genügend Plätze frei sind? Du bist müde, erschöpft, und dir wird plötzlich das ganze Unrecht an dieser Situation bewusst. Kein Wunder, dass es Rosa Parks irgendwann gereicht hat und sie dagegen etwas tun wollte, dass sie sitzen blieb, um darauf aufmerksam zu machen, dass hier gehörig etwas falsch lief.«

Amy suchte auf dem Laptop nach einem Dokument, das sie beim Recherchieren abgespeichert hatte. »Sieh mal, Nessi«, meinte sie, »hier steht einiges über die Busfahrten. Es scheint, als ob sie damals ihren eigenen Busfahrer Reinert gehabt hätten.«

Sie scrollte mit der Maus etwas weiter runter und las:

»Die Schwarzen mussten vorne bezahlen, dann aber wieder aussteigen und von außen in den hinteren Teil des Busses einsteigen, denn dort befanden sich ja die Sitzreihen für sie. Sie durften nicht durch den Gang am Busfahrer vorbeigehen, sondern mussten, wie gesagt, erst wieder aussteigen und dann nach hinten gehen. Manche Busfahrer machten sich einen Spaß daraus. Sie ließen die Schwarzen vorne bezahlen, und wenn sie wieder ausgestiegen waren, um in den hinteren Teil des Busses zu gelangen, schlossen sie einfach die Türen und fuhren los. Und mehr noch. Rosa Parks berichtet, dass es einmal stark regnete und sie einen Regenschirm mit sich trug. Sie musste ihn zusammenfalten, um vorne zu bezahlen. Als sie dann ausstieg, um hinten wieder einzusteigen, schloss der Busfahrer beide Türen. Ihr Regenschirm wurde in der Tür des Busses eingeklemmt. Sie versuchte, ihn noch festzuhalten, aber es gelang ihr nicht. Sie musste ihn loslassen. Sie stand da, eine erwachsene Frau, und weinte lange und stumm. Und sie fragte sich später, als sie davon erzählte, wo der Regen aufhörte und die Tränen begannen …‹«

»Das ist echt gemein«, sagte Vanessa, »und traurig zugleich.«

»Ich habe noch mehr gefunden«, fuhr Amy fort. »In einem der Texte geht es um das Wahlrecht in Montgomery, das aber für die Schwarzen eingeschränkt war. Damit sie überhaupt zur Wahl zugelassen wurden, mussten sie einen umfangreichen und sehr schweren Test bestehen. Den mussten sie außerdem auch noch bezahlen, und das war wirklich teuer. In dem Test kamen Fragen vor, die nicht einmal ein gebildeter Mensch aus dem Stegreif beantworten konnte. Man hatte ihn also absichtlich so schwer gemacht, dass es unwahrscheinlich war, dass ihn überhaupt jemand bestand. Die Weißen mussten diesen Test natürlich nicht ablegen, die hatten ja das Wahlrecht.

Rosa berichtet von einer weißen Frau hinter dem Schalter der Anmeldung, die schon die Nase rümpfte, als sie eintrat, die ihr nur widerwillig die Antragsformulare für den Test aushändigte und anschließend den Test wieder genauso naserümpfend entgegennahm. Nach einer kurzen Prüfung ihrer Antworten, teilte man Rosa lediglich mit, dass sie nicht bestanden habe, welche Fehler sie gemacht hatte, sagte man ihr aber nicht, damit sie sich bloß nicht verbesserte.

Aber Rosa hat nicht aufgegeben. Sie hat weiter täglich für den Test gelernt und ihn schließlich ein zweites und ein drittes Mal gemacht. Jedes Mal musste sie die Gebühren neu bezahlen, wurde erneut bewertet und abgespeist. Wieder erfuhr sie ihr Ergebnis nicht. Man teilte ihr nur mit, dass sie nicht bestanden habe und somit nicht wählen dürfe. Schließlich half ihr ein Kollege von der NAACP, der Anwalt war, sodass Rosas Testergebnisse offengelegt werden mussten. Sie hatte mit Bravour bestanden und durfte nun wählen.«

»Ich glaub, ich hätte die Tussi hinterm Schalter geschlagen«, sagte Vanessa.

»Aber gerade das wollten die Menschen damals nicht, die gegen das Unrecht protestierten«, erwiderte Amy. »Sie blieben absolut geduldig, ruhig und vor allem gewaltlos. Aber ich gebe dir recht, ich hätte das, glaube ich, auch nicht gekonnt. Bei all dem offensichtlichen Unrecht einfach ruhig zu bleiben. Das war echte Schikane!«

»Als Rosa Parks auf dem Platz im Bus sitzen geblieben war, was passierte dann?«, fragte Vanessa.

»Also, der Busfahrer … warte einen Moment, ich suche kurz seinen Namen …«, erklärte Amy und klickte sich durch die Dokumente auf ihrem Rechner, »… ah, hier steht es: Der Busfahrer, James Blake, forderte Rosa auf, ihren Platz zu räumen. Als sie das nicht tat, drohte er mit der Polizei. Damals gab es noch keine Handys, also hielt er an einer Telefonzelle und rief die Polizei zu Hilfe. Als Rosa auch dann nicht aufstand und sich weiter weigerte, wurde sie kurzerhand verhaftet. Das war am 1. Dezember 1955, was später jedem als die *historische Busfahrt von Montgomery* bekannt war. Eine Busfahrt mit Folgen sozusagen. Rosa Parks wurde wegen Störung der öffentlichen Ruhe festgenommen und inhaftiert. Sie wurde angeklagt, verurteilt und musste eine Strafe von 14 Dollar zahlen.«

»So hat also der Widerstand begonnen«, meinte Vanessa nachdenklich, »mit einer kleinen, schwarzen Frau, die müde war, enttäuscht, die schon viel Unrecht erlebt hatte und die in diesem Moment, am 1. Dezember, einfach dieses Unrecht nicht mehr erdulden wollte, mit einer Frau, die sitzen blieb, um aufzustehen.«

KAPITEL 10

DAS FASS LÄUFT ÜBER

Endlich regnete es einmal nicht. Amy war vom Tennis aus auf dem Rückweg nach Hause. Zwei Wochen war es her, dass sie mit Vanessa ihre Strategie zu ihrer Präsentation für die Schule festgelegt hatte. In der nächsten Woche sollten dann die Präsentationen beginnen. Eine wirklich gute Idee, aber einen Aufmacher, wie sie das Ganze für die anderen Mitschüler interessant und spannend gestalten konnten, hatten die Mädchen immer noch nicht.

Obwohl Amy und Vanessa sich auf Rosa Parks konzentrierten, hatten sie auch eine Menge über Lyndon B. Johnson herausgefunden. Sie hatten die Lebensdaten beider in zwei Tabellenspalten gepackt, um zu verdeutlichen, wo in ihrem Leben, vor allem im politischen Geschehen, ihre Berührungspunkte waren. Johnson war der Nachfolger von Kennedy geworden, als dieser durch ein brutales Attentat ums Leben gekommen war. Innerhalb seines Landes musste er sich mit der gewaltlosen Bürgerrechtsbewegung rund um Rosa Parks und vor allem Martin Luther King auseinandersetzen und außenpolitisch mit dem Vietnamkrieg, der ebenso wie der Widerstand der Schwarzen gegen das Unrecht 1955 begonnen hatte, also noch unter seinen Vorgängern.

Amy dachte beim Lesen oft, dass er sich bestimmt ein besseres politisches Erbe gewünscht hätte als einen Krieg, doch Vanessa hatte auch gelesen, dass er es war, der die amerikanischen Soldaten schließlich 1964 aktiv in den Krieg schickte. Amerika unterstützte Südvietnam gegen Nordvietnam, das wiederum Hilfe von China und der Sowjetunion bekam. Ein schreckliches Kräftemessen, das jahrzehntelang anhielt und viele Opfer kostete. Russland war der Feind, in der Raumfahrt, im gesellschaftlichen System und jetzt auch noch im Krieg in Vietnam. Dieser war so grausam und schrecklich, dass viele Amerikaner bald begannen, dagegen zu protestieren.

Vanessa hatte als Expertin für Johnson herausgefunden, dass der Vietnamkrieg noch einige Jahre andauerte, während innenpolitisch die Gleichberechtigung der Afroamerikaner in einem hohen Maße vorangetrieben wurde. Die Rassentrennung wurde in dem *Civil Rights Act* 1964 im ganzen Land gesetzlich verboten. Und in diesem Zuge wurde auch das Wahlrecht für alle ausgesprochen, ohne Gebühren oder einen vorherigen Test. Johnson setzte sich für die Bildung aller ein, baute die medizinische Versorgung für jeden weiter aus, verbesserte den Umweltschutz und nicht zuletzt verringerte er die Armut.

Rosa Parks hatte ihren Kampf also, zumindest teilweise, gewonnen. Doch zu einem hohen Preis, denn Martin Luther King wurde ebenfalls ermordet. Ein Mann, der sein Leben lang von Frieden und Gewaltlosigkeit sprach, wurde sehr gewaltsam und brutal aus dem Leben genommen. Doch Vanessa und Amy behielten ihren Schwerpunkt bei. Auch Martin Luther King wollten sie nur am Rande erwähnen. Es sollte nach wie vor um Rosa Parks gehen.

In der Schule hatte sich auch so einiges getan. Daniel hatte auf der Klassenkonferenz ausgesagt. Drei Mal nacheinander musste er schildern, was die drei Jungs auf dem Pausenhof getan hatten. Bis zum Termin der Konferenz waren Kevin, Anatol und Max suspendiert gewesen. Jetzt musste die Klassenkonferenz darüber entscheiden, wie es mit allen weiterging. Für Kevin war es mit der Suspendierung getan, er hatte sich nichts weiter zu Schulden kommen lassen. Anatol, für den es bereits die zweite Konferenz war, wurde in die Parallelklasse querversetzt und Max, der Daniel geschlagen und getreten und damit das schwerwiegendste Vergehen auf sich geladen hatte, wurde von der Schule verwiesen.

Amy, die Daniel als Klassenvertreterin und Freundin begleitete, hatte große Mühe, dem Blick von Max nicht auszuweichen. Eigentlich war Amy sehr selbstbewusst und kein Weichei, wie sie es selbst ausdrücken würde, aber Max sah sie so voller Hass an, dass es ihr eiskalt den Rücken hinunterlief. Es kostete sie ihre ganze Anstrengung, seinem Blick zu begegnen und sich davon nicht einschüchtern zu lassen.

»Zum Glück, dass Max nun fort ist«, sagte sie anschließend zu Daniel, »dem möchte ich nicht im Dunkeln begegnen!«

»Und auch nicht im Hellen«, sagte Daniel und lachte unsicher. Beide sahen sich für einen Moment stumm an und wussten genau, was das bedeutete. Max war zwar nicht mehr an ihrer Schule, aber er wohnte schließlich noch hier und man würde ihm sicher mehr als einmal irgendwo begegnen. Außerdem konnte es gut sein, dass er Kevin und Anatol weiterhin unter seiner Fuchtel hatte und sie anstacheln würde. Das war letzte Woche gewesen, und zumindest lief es ohne den dritten Rowdy wesentlich ruhiger an ihrer Schule.

Als Amy nun den Bus nach Hause bestieg, sah sie weiter hinten Frau König sitzen. Sie winkte ihr zu. Gerne setzte sich Amy zu ihr. Sie hatte Frau König in den letzten zwei Wochen nicht gesehen.

»Corona«, antwortete Frau König auf Amys Frage, wo sie die letzten Wochen gewesen war.

»Das auch noch.« Amy grinste.

»Wirklich, man wird von nichts verschont!«

»Busfahrer Reinert ist heute mal gut gelaunt«, meinte Amy und deutete nach vorn. »Er hat keinen blöden Kommentar von sich gegeben, niemanden beleidigt, nicht einmal böse geguckt.« Frau König nickte. »Ist mir auch aufgefallen. Mir gegenüber traut er sich nicht mehr, ausfallend zu sein. Ich sag es ja, ein kleiner Sieg.«

Sie kramte in ihrer Handtasche und reichte Amy dann eine Packung mit Kaugummi. »Möchtest du? Feel free!«

Amy lachte erneut auf. Frau König hatte tatsächlich die Kaugummis vom Werbeplakat gekauft. »Fehlen nur noch der Strand und die Palmen«, meinte Amy und nahm sich eins.

»Und? Wie weit seid ihr mit eurem Referat?«, wollte Frau König wissen. »Für welchen Präsidenten habt ihr euch entschieden?«

»Tatsächlich für Lyndon B. Johnson«, meinte Amy und erzählte Frau König von ihrer gemeinsamen Recherche mit Vanessa. Sie erzählte, was sie alles über Rosa Parks und das Unrecht, gegen das sie protestierte, herausgefunden hatten.

»Du musst wissen, dass sich ihr Widerstand schon ganz lange angebahnt hatte«, sagte Frau König, als Amy geendet hatte. »Rosa hatte bereits in ihrer Kindheit viel Schlimmes erlebt. Und es wurde ja nicht besser, als sie älter wurde, im Gegenteil. Immer wieder stieß sie auf Menschen, die sie ablehnten, nur weil sie angeblich die falsche Hautfarbe hatte. Und wieso überhaupt falsch? Sie fragte sich wohl ein ums andere Mal, wer denn überhaupt festlegen durfte, dass es so etwas wie eine gute und eine schlechte Hautfarbe gab. Gott hatte doch alles erschaffen und alles hatte er für gut befunden … Und siehe, es war alles gut …«

Von dieser Seite hatte Amy das Ganze noch gar nicht betrachtet. Die Christen sollten doch den Nächsten und sogar den Feind lieben. Wieso fiel es den Weißen so schwer, seinen Nächsten auch in den Schwarzen zu sehen …?

Frau König schien Amys Gedanken zu erraten. »Viele Weiße in der Zeit – und manche leider auch noch heute – sahen und sehen sich als *Herrenrasse:* weiß, blond, blauäugig. Das war und ist ein uraltes Ideal. Und diese Menschen sagten, dass Gott die Farbe Weiß als Inbegriff der Reinheit erschuf, deshalb müssten diese Menschen mehr Privilegien haben. Doch viele bedenken dabei nicht, dass Gottes Sohn ja Jude war und sicherlich nicht blond und blauäugig. Das zeigt dir, Amy, dass Menschen ihre Gesetze so stricken, dass der Pulli ihnen anschließend selbst passt. Mit Gerechtigkeit hat das wenig zu tun. Oft verhelfen ihnen Gewalt und Macht dazu, diese Gesetze dann durchzusetzen. Was aber ist die Wahrheit dahinter? Ich würde mir niemals anmaßen, zu wissen, was Gott beabsichtigte mit all dem, was er erschuf. Aber über eines bin ich mir absolut sicher, er liebt alles, er liebt die Vielfalt und das ohne Ausnahme. Das sollte uns Menschen Toleranz lehren, Liebe und Verständnis. Oft aber sind sie verbohrt, voller Hass oder Unwissen.«

Frau Königs Blick fiel automatisch auf den Hinterkopf von Busfahrer Reinert. »Manchmal wissen solche Menschen es einfach nicht besser. Sie folgen ein Leben lang ihrem Weg, weil sie nichts anderes sehen oder sehen wollen. Sie verhalten sich immer gleich in ihrem Hass oder in ihrer Ablehnung und berauben sich so dem Erleben einer anderen Erfahrung. Diese Menschen sterben dumm.« Sie erschrak ein wenig, als sie merkte, wie sehr sie in ihre eigenen Gedanken versunken war und was sie da laut ausgesprochen hatte.

»Rosa Parks hatte in ihrer Kindheit mal ein Erlebnis«, fuhr sie schnell fort und lenkte so von ihren Äußerungen ab, »das hat sie sehr geprägt. Sie war mit ihren beiden Freunden im Park unterwegs zum Spielen. In diesem Park durften sich weiße und schwarze Menschen aufhalten. Immerhin, oder? Aber es gab Parkbänke nur für Weiße und Parkbänke nur für Schwarze und Wasserspender, die mit den entsprechenden Schildern gekennzeichnet waren. Die drei Kinder spekulierten darüber, ob das Wasser für Weiße anders schmeckte als das Wasser für Schwarze. Außerdem wollten sie, verwegen wie sie waren, sich dem Unrecht der Trennung entgegenstellen. Also beschlossen sie kurzerhand, die Schilder auszutauschen. Der Wasserspender für Weiße erhielt nun das Schild ›Colored only‹ und der Wasserspender für Schwarze erhielt das Schild ›Whites only‹.

Die drei kosteten nun das Wasser aus dem Wasserspender für Weiße, ohne dass man sie dafür bestrafen konnte. Nur sie wussten ja, dass die Schilder vertauscht waren. Sie amüsierten sich köstlich, fühlten sich verwegen und mutig. Dann kam ein weißer Mann den Weg entlang. Er führte einen großen Hund mit sich. Die drei Kinder wichen hinter einen dicken Baum zurück und beobachteten den Mann. Sie hatten einen enormen Spaß dabei und empfanden es also große Genugtuung, als der Weiße nun unwissentlich aus dem Wasserspender für die Schwarzen trank. Sie kicherten hinter vorgehaltener Hand und freuten sich über ihren gelungenen Trick. Vielleicht würde er Pusteln kriegen oder einen Ausschlag … Dann jedoch ließ der Mann seinen Hund aus dem Wasserspender für Schwarze trinken. Wie selbstverständlich erlaubte er dem Tier, aus einem Wasserspender für Menschen zu trinken. Plötzlich war es den Kindern egal, dass sie den Mann hereingelegt hatten. Sie erkannten, dass die Diskriminierung viel weiter ging, als sie geglaubt hatten. In den Augen dieses Mannes standen die Schwarzen auf gleicher Stufe wie die Tiere. Die Freude über ihren kleinen Streich war vollkommen verflogen. Und dies war das erste Mal, dass Rosa bittere Tränen vergoss. Es sollten noch viele solcher Momente mehr folgen. Die Ablehnung im Wahlbüro, die Diskriminierung auf ihrer Arbeit, weiße Männer, die eine schwarze Frau vergewaltigten, aber straflos entkamen, weil kein Gericht sie anklagen oder verurteilen wollte, die Schikane im Bus …«

Amy hatte gebannt zugehört. »Meine Freundin hat das Gleiche gesagt«, sagte sie schließlich leise. »Lange Zeit hat sich das alles in Rosa angestaut, immer mehr kam dazu. Und dann ist es einfach zu viel gewesen, wie der eine Tropfen, der das Fass zum Überlaufen bringt. Unaufhaltsam und gewaltig.«

Frau König sah Amy neugierig an. »Ich stimme dir zu. Vielleicht war es tatsächlich nur Rosas enormer Mut, der sie den Busboykott starten ließ, aber vielleicht war es auch das permanente Gefühl, immer nachgeben zu müssen …«

»… immer zu kuschen, seine Rechte nicht einfordern zu dürfen. Vielleicht hat sie es einfach sattgehabt«, beendete Amy für Frau König den Satz.

Frau König musterte Amy aufmerksam. »Ich sehe, dass dir das Thema ziemlich nahe geht.«

»Das Thema Rassentrennung vielleicht nicht, aber insgesamt das Thema der Diskriminierung«, sagte Amy langsam und entschloss sich aus einem inneren Impuls heraus, auch Frau König von ihrem Erlebnis mit Ben an der Tür zu berichten. Es fiel ihr nicht leicht, aber sie tat es.

»Ich verstehe«, erwiderte Frau König, die aufmerksam und ruhig zugehört hatte. »Danke für dein Vertrauen. Eigene Erfahrungen lehren uns am besten. Sie sind auch die stärksten Mittel oder nenne es Lehrmeister, um eine Veränderung herbeizuführen.«

»Eigene Erfahrungen«, murmelte Amy. Plötzlich kam ihr eine grandiose Idee. »Sie sind ein Schatz!«, rief sie aus und knuffte Frau König übermütig am Arm. »Jetzt weiß ich endlich, wie wir unser Referat halten müssen, damit auch wirklich etwas hängen bleibt.«

»Verrätst du es mir?«

»Später«, sagte Amy, zückte ihr Handy und schrieb sofort eine Nachricht an Vanessa: *Weiß jetzt, wie wir den Spiegel vorhalten können, ohne die anderen zu kränken.*

KAPITEL 11

DAS KLASSENEXPERIMENT

Es war Freitag, der 30. September und der erste Teil des Referates lag hinter ihnen. Vanessa und Amy hatten eine Power-Point-Präsentation gehalten, Präsident Johnson vorgestellt, seine Lebensdaten, seine politischen und sozialen Ziele genannt. Dann waren sie parallel dazu auf Rosa Parks eingegangen. Sie hatten den Begriff der Diskriminierung aufgenommen und dann die kleine Frau im Bus vorgestellt. Frau Wilke hatte für einen Moment eine Augenbraue hochgezogen, aber nicht eingegriffen, als sie merkte, dass sich der Schwerpunkt der Inhalte vom Präsidenten hin zum Kampf der kleinen schwarzen Frau gegen das »Monster« der Diskriminierung verschob.

»Warum ist uns das wichtig, werdet ihr euch vielleicht fragen?«, sagte Amy.

»Wie kommen wir von Johnson zu Rosa Parks?«, fragte Vanessa.

»Und wie von Rosa Parks zu uns heute?«, ergänzte Amy.

Jetzt kam der schwerste Teil für Amy. Sie hatte sich entschlossen, von ihren eigenen Erfahrungen mit Ben, aber auch von ihren Erlebnissen mit den Menschen aus der Heimstatt im Bus zu berichten. Vom Ekel, den sie empfand, wenn sie sah, wie Lena beim Reden sabberte und spuckte, Hannos unkontrolliertes körperliches Nahekommen, sein Überschreiten des natürlichen Abstandes zwischen zwei Menschen. Wie es sie störte, wenn er sie einfach anfasste, den Arm um sie legte, wie sie sich wegduckte, ihre Musik auf laut drehte und so tat, als würde sie schlafen. Wie sie insgeheim betete, dass Jörg oder ein anderer Betreuer »diese Leute« von ihr fernhielt. Dass Tilda und Gerd eigentlich fast noch gingen, dass sie aber auch sie nicht wirklich ernst nahm, sondern über ihre Tollpatschigkeit lachen musste, manchmal ungeduldig wurde und genervt war, wenn Gerd wieder die Ein-Cent-Stücke auf die Theke legte und den ganzen Verkehr aufhielt. Wie sie erschrak, als sie merkte, dass sie den Ausdruck von Busfahrer Reinert benutzte, »den Verkehr aufhalten«, der ja aber allen verhasst war in seiner Grobschlächtigkeit. Wie sie sich selbst das Recht rausnahm, über diese Menschen zu urteilen und sie abschätzig zu betrachten. Und dann erzählte sie von Ben.

Für einen Moment schnürte es ihr die Kehle zu, denn Ben stand ihr so deutlich vor Augen wie an jenem Tag an der Schultür mit der Kiste aus der Bienen-AG im Arm.

»Hast du mal darüber nachgedacht, dass nicht mein fehlender Arm das Problem ist, sondern die Tür?«, hatte er zu ihr gesagt. Und diese Frage warf Amy jetzt in die Runde. Sie hatte während der letzten Minuten gemerkt, wie still ihre Klasse geworden war. Betroffenheit lag in der Luft, und Amy ahnte, dass sie den Finger auf den wunden Punkt gelegt hatte. Jeder, der vor ihr saß, hatte seine eigenen Erfahrungen mit Ben oder den Menschen aus der Heimstatt, denn sie waren präsent im Dorf. Und da waren auch noch Johann und Karla. Johann, der auf seinen Krücken durch die Flure humpelte, immer schräg lächelte, weil sein Mund verzogen war und Karla, die fast gar nichts mehr konnte und seit einem Jahr im Rollstuhl saß. Jeder begegnete jedem täglich.

Amy hielt die Kiste mit den Kerzen aus der Bienen-AG jetzt hoch. »Für mich ist es total leicht, diese Kiste in der einen Hand zu halten und mit der anderen die Tür aufzumachen«, sagte sie. Und um das Ganze zu beweisen und ihre Aussage zu untermauern, ging Amy mit der Kiste in der einen Hand zur Tür und öffnete sie.

»Und deshalb geht meine Frage an euch noch ein Stück weiter«, sagte Amy schließlich, als sie wieder vor der Klasse stand. Es war jetzt so leise im Raum, dass sich jedes Geräusch, das von außen ins Klassenzimmer drang, wie verstärkt anhörte.

Laut und deutlich sprach Amy weiter: »*Hast du mal darüber nachgedacht, dass nicht mein fehlender Arm das Problem ist, sondern die Tür?*‹, hat Ben mich gefragt. Ich aber frage euch: Habt ihr einmal darüber nachgedacht, dass wir selbst das Problem sind? Dass wir Menschen, die anders sind als wir, nicht verstehen, vielleicht auch nicht verstehen *wollen*, weil wir sie gar nicht erst kennenlernen wollen?«

Vanessa trat vor. »Der theoretische Teil unseres Referates endet hier«, sagte sie, »aber wir möchten gerne einen Feldversuch starten. Das Einzige, das ihr tun müsst, ist, euch darauf einzulassen. Vielleicht macht auch Frau Wilke mit?« Fragend sah sie Frau Wilke an, die ihr aufmunternd zunickte.

Amy trat neben Vanessa. Sie hielt ein schwarzes Bündel in den Händen. »Wir möchten, dass ihr euch ein Auge verbindet«, erklärte Vanessa, während Amy zu Frau Wilke ging und ihr die erste Augenklappe entgegenhielt. Das war eine von zwanzig Piratenklappen, die sie in einem Internet-Karneval-Shop gefunden hatten.

»Ihr wisst vielleicht, dass wir im neunten Jahrgang Joulina haben, die nur auf dem linken Auge sehen kann. Sie trägt zwar keine Augenklappe, hat aber ein Glasauge. Welches Auge ihr wählt, ist euch überlassen!«, sagte Amy.

Frau Wilke griff danach und stülpte sich die Klappe über das linke Auge. Die Klasse lachte auf.

Amy verteilte nun an jeden Mitschüler und jede Mitschülerin eine Augenklappe, und das Gelächter war groß. Daniel sprang damit verwegen auf einen Stuhl, tat so, als zöge er einen Säbel und rief:»An die Kanonen, Piraten! Macht euch zum Entern bereit!«

Vanessa und Amy ließen die Klasse gewähren. Alle musterten sich, lachten, spielten mit. Nach einer Weile aber bediente Amy die Tresenklingel, sodass alle leise wurden.

»Diejenigen, die auf dem rechten Auge blind sind, gehen zu Vanessa, diejenigen, die auf dem linken Auge nichts sehen, kommen zu mir.«

Alle teilten sich auf, auch Frau Wilke machte mit. Vanessa leitete ihre Gruppe an, sich hinten auf die linke Seite der Klasse mit dem Rücken an die Wand zu stellen und zu ihr nach vorne zu schauen. Amy sagte zu ihrer Gruppe:»Ihr stellt euch hinten an die Wand auf die rechte Seite der Klasse und schaut zu mir nach vorn.«

Alle taten genau das und kicherten immer noch dabei. Dann hielten Vanessa und Amy jeweils ein Plakat hoch und forderten einzelne Schüler auf, zu sagen, was darauf abgebildet war. Sie erkannten einen Bus, ein Haus, ein Pferd, eine Blume.

»Ist ja mega einfach!« Justin lachte und rief:»Baum!«

»Ihr schaut bitte weiter nach vorne«, sagte Vanessa daraufhin.»Ihr dürft euren Kopf nicht drehen.« Dann ging sie hinten zur

Wand, stellte sich auf die rechte Seite ihrer »Blinden« und hielt erneut ein Plakat hoch. Amy tat es ihr gleich, wobei sie sich auf die linke Seite stellte.

»So, Justin«, sagte Vanessa, »kannst du mir sagen, was du jetzt siehst?«

Justin drehte den Kopf und sagte: »Klar! Eine Blume!«

»Du darfst den Kopf nicht drehen«, ermahnte ihn Vanessa und hielt ein zweites Plakat hoch. »Versuch es noch einmal!« Justin konnte nicht sehen, was auf seiner blinden Seite hochgehalten wurde. »Das ist unfair«, schimpfte er. »Die Blinden können doch ihren Kopf bewegen. Dann kann ich genauso gut sehen!«

»Ist das so?«, fragte Vanessa. »Dann tu mir den Gefallen und fädle mal diesen Faden in die Nadel.« Sie hielt Justin Nadel und Faden hin. Verdutzt griff er danach. Noch lachte er und sagte: »Klar, ist doch leicht!«

Zur gleichen Zeit bat Amy Jonathan, seine Augenklappe abzunehmen und ebenfalls einen Faden durch das Nadelöhr zu ziehen. Alle Mitschüler sahen gebannt zu, wie der einäugige Justin nun versuchte, den Faden durch die Nadel zu ziehen. Es gelang ihm nicht, zumindest nicht sofort. Ohne das zweite Auge konnte er räumlich nicht so gut sehen und so verfehlte er das Nadelöhr mehr als einmal, während Jonathan es schon beim zweiten Anlauf schaffte.

»Das ist unfair«, murmelte Justin erneut.

Amy bat alle Mitschüler, sich wieder zu setzen und die Augenklappen abzunehmen.

»Justin hat recht«, erklärte nun Amy. »Es ist nicht fair, ein Handicap zu haben, nicht fair, die gleiche Arbeit tun zu müssen wie jemand, der nicht eingeschränkt ist, und noch unfairer wird es dann, wenn man sich sein Handicap nicht aussuchen kann, beziehungsweise es so schwerwiegend ist, dass man auf Hilfe angewiesen ist.«

Erneut trat nun Vanessa vor die Klasse, diesmal hielt sie einen schwarzen Beutel in der Hand. »Jeder von euch zieht jetzt einen Zettel aus dem Beutel«, erklärte Vanessa. »Mit dem Zettel kommt ihr dann zu uns nach vorn. Von uns bekommt ihr einen Gegenstand, den ihr verwenden müsst.«

Während sie sprach, holte Amy eine Kiste unter ihrem Tisch hervor, in der allerlei Sachen lagen.

Gemurmel wurde laut. Vanessa ging mit dem Beutel auf Frau Wilke zu und hielt ihr die Öffnung entgegen. Frau Wilke griff hinein, wühlte ein wenig darin herum und zog einen Zettel heraus.

Als sie gelesen hatte, was darauf stand, schoss ihre Augenbraue erneut in die Höhe. »Du kannst deinen rechten Arm nicht bewegen«, las sie vor.

Vanessa ging jetzt zu jedem ihrer Mitschüler und ließ sie in den Beutel greifen. »Du kannst nicht richtig gehen«, stand auf einem Zettel. Auf dem nächsten stand: »Dir fehlt der linke Arm.« Und so ging es weiter: Einer war völlig blind, der andere konnte nicht gut hören, der nächste konnte seine Arme nicht heben oder sein linkes Knie nicht beugen. Überall brabbelten jetzt die Schüler und Schülerinnen durcheinander und fragten sich, was sie ziehen würden.

Für jeden hatte Amy einen Gegenstand dabei, mit dem sie nun die Schüler ausstattete. Daniel, der fast nichts hören können sollte, bekam einen Gehörschutz auf die Ohren, sodass alle Geräusche gedämpft an seine Ohren drangen, dem »blinden« Adham wurden beide Augen mit einem schwarzen Tuch verbunden,

Marinas rechter Arm wurde ihr auf den Rücken geschnallt, Joschi musste es erdulden, dass ihm zwei lange Stöcke um das linke Bein gebunden wurden, sodass er das Knie nicht beugen konnte. Michelle erhielt einen Fausthandschuh für die rechte Hand, da sie ihre Finger nicht benutzen konnte, Jenny wurden die Füße mit einem langen Band verbunden, sie merkte ihre Einschränkung fast gar nicht, da es auch für große Schritte lang genug war. Doch Alex bekam ein kürzeres Band um die Füße gelegt, während Vitalis Seil so kurz war, dass er kaum einen Schritt vor den anderen machen konnte.

Überall um sie herum lachten die Mitschüler verunsichert auf.

»Ihr zieht deshalb ein Los«, erklärte Vanessa, »weil man sich im richtigen Leben eben auch nicht aussuchen kann, ob man gesund ist oder ein Handicap hat.«

»Und wenn man ein Handicap hat, kann man sich nicht aussuchen, welches es ist oder wie stark es euch einschrankt!«, fügte Amy hinzu.

Als sie fertig waren und alle mit ihren »Behinderungen« klarzukommen versuchten, lasen Amy und Vanessa abwechselnd Aufgaben vor, die ihre Mitschüler und auch Frau Wilke bewältigen mussten. Alle sollte auf einen Stuhl steigen, einen Satz schreiben, sich hinsetzen und wieder aufstehen, eine kleine Strecke so schnell wie möglich laufen, drei Gegenstände balancieren und zum Schluss mit einer Kiste in der Hand die Klassenzimmertür öffnen.

Zehn Minuten vor Stundenende erlösten Amy und Vanessa ihre Klassenkameraden. Alle setzten sich wieder auf ihre Plätze.

»Wir würden jetzt gerne zum Schluss von euch wissen, welche Erfahrungen ihr gemacht habt, wo es Schwierigkeiten gab oder ihr auf Hilfe angewiesen wart«, forderte Amy die Klasse auf.

»Also ich konnte zuerst gar nicht auf den Stuhl steigen«, sagte Vitali. »Meine Füße waren so eng miteinander verbunden, dass ich einen Fuß nicht so weit anheben konnte. Dann habe ich es anders versucht, habe mich auf den Stuhl gekniet, habe versucht, mich hochzuziehen, dabei bin ich beim ersten Mal vom Stuhl gekippt, beim zweiten Mal ist der ganze Stuhl mit mir umgefallen.« Er rieb sich die rechte Seite.

»Daniel und ich mussten ihm helfen«, sagte Adham, »wobei das auch schwer war, weil ich nichts sehen und Daniel nicht richtig hören konnte! Das war ganz schön chaotisch!« Er grinste.

»Ich hatte keine Probleme, auf den Stuhl zu steigen«, ergänzte Jenny. »Mein Band war lang genug, also mein Handicap nicht so schwerwiegend: Aber beim schnellen Laufen hatte ich Probleme, ich konnte zwar große Schritte machen, habe mich aber ständig verheddert.«

»Bei mir ging das Balancieren nicht«, warf Marina ein, »mir fehlte der zweite Arm, ich konnte mein Gleichgewicht nicht halten.«

»Damit hatte ich auch Probleme«, gab Daniel zu, »irgendwie funktionierte mein Gleichgewicht nicht, obwohl ich ja nur taub war.«

»Und ich konnte mit rechts zwar greifen und auch etwas festhalten, aber meine einzelnen Finger nicht bewegen«, sagte Michelle und hielt den Fausthandschuh hoch.

»Bei mir war es noch schlimmer«, ergänzte Piet und wedelte mit zwei Boxhandschuhen vor seiner Nase herum, »wenn ich mir vorstelle, dass ich mit keiner Hand gar nichts richtig greifen, halten oder ausführen kann, nicht einmal den Füller, meine Tasche, einen Becher hochheben ...« Er warf einen Blick auf die Kiste mit den Kerzen aus der Bienen-AG, die vor ihm auf dem Lehrerpult stand,»... oder diese Kiste da ...«. Er brach ab.

»Wir alle sollten mehr darüber nachdenken, wie wir miteinander umgehen«, sagte Amy,»was für den einen leicht ist, ist für den anderen schwer. Aber Menschen wie Rosa Parks haben darüber nachgedacht und uns Wege aufgezeigt, wie wir gegen Diskriminierung vorgehen können. Und dieser Weg fängt bei jedem Einzelnen selbst an.«

Der Gong beendete die Stunde. Doch die Schüler der Klasse 7b blieben noch sitzen, als erwarteten sie noch etwas.

Amy erzählte die Geschichte von dem Elefanten und dem Baum, über die sie sich schon so lange den Kopf zerbrach. Leise fügte sie noch hinzu:»Wenn ein Elefant den Baum nicht fällen möchte, nur weil er das gut kann, sondern wie die Affen lieber hinaufklettern und die Aussicht genießen möchte, dann sollte ihm das eine demokratische Gesellschaft, in der das Recht eines jeden zählt, ermöglichen!«

KAPITEL 12

EINE BUSFAHRT MIT FOLGEN

Eine Woche war es nun her, seitdem Vanessa und Amy ihr Referat gehalten hatten. Es ging allmählich auf die Herbstferien zu und somit auch auf den Herbstbasar, der bereits seit über zwanzig Jahren traditionell in der letzten Schulwoche vor den Ferien an Amys Gymnasium stattfand. Michelle, die für die Schülerzeitung arbeitete, hatte einen Artikel über das Klassenexperiment der 7b verfasst. Sie hatte so lebendig und eindringlich und vor allem ehrlich darüber berichtet, dass die Schüler in den Pausen auf den Fluren darüber sprachen und diskutierten. Daraufhin hatte der Schulleiter Frau Wilke angesprochen und sie gefragt, ob man dieses Experiment auf dem Herbstbasar noch einmal für alle Interessierten vorstellen und auch durchführen könnte. Die Vorbereitungen dafür liefen auf Hochtouren.

Es hatte sich eine kleine, aber feine Arbeitsgruppe gebildet, die die Organisation in die Hand nahm. An zwei festgelegten Zeiten sollten diejenigen Schüler des Gymnasiums, aber auch die Besucher, die für »*das Erringen von Erkenntnissen durch eigene Erfahrungen*« Interesse zeigten, die Möglichkeit erhalten, an einem Hindernisparcours teilzunehmen. Diesmal aber mit Handicap. Jeder Besucher sollte, wie die Klasse zuvor auch, einen Zettel aus dem Beutel ziehen. Danach würde man ihnen ihrer jeweiligen Behinderung entsprechend den Arm festbinden, die Füße fesseln, die Ohren mit Gehörschutz versehen oder die Augen verbinden. Das alles waren Handicaps, die auch an der Schule in den unterschiedlichsten Jahrgängen vorzufinden waren. Amy und Vanessa hatten sich sofort freiwillig für das Orga-Team gemeldet.

Frau König war sehr stolz auf Amy gewesen und hatte die ganze Zeit über anerkennend genickt, als Amy ihr von der Präsentation und vor allem von dem Klassenexperiment erzählt hatte.

»Das war also eure zündende Blitzidee!« Frau König hatte anerkennend genickt. »Ein Mitmachexperiment, um Erkenntnisse aus euren eigenen Erfahrungen zu gewinnen.«

»Eigentlich war es ja Ihre Idee«, hatte Amy erwidert. »Sie haben mir beim letzten Mal im Bus gesagt, die eigenen Erfahrungen seien der beste Lehrmeister.«

Gestern war der Tag der Deutschen Einheit gewesen, also ein langes Wochenende für die Schüler. Zeit genug, auch mal wieder etwas Schönes zusammen mit Vanessa zu unternehmen. Sie waren im Kino gewesen und im Jump-House. Heute war schon wieder Dienstag, und Amy fieberte auf das Volleyballtraining hin, denn heute würde Tanja Wilkes kommen, eine Nationalspielerin, die Lydia sehr gut kannte und schon öfter eine Trainingseinheit mit der Mannschaft durchgeführt hatte. Amy wusste jetzt schon, dass sie furchtbaren Muskelkater haben würde, aber auch neue Strategien für ihr Spiel und viele Tipps für ihren Angriff.

Linie 5 war heute proppenvoll. Es zog die Leute aus Neuenfelden nach Halldorf auf den Herbstmarkt. Auch dieser fand seit Jahren traditionell vor den Herbstferien statt. Es kamen Aussteller aus ganz Norddeutschland, und natürlich stellten auch die Bewohner der Heimstatt ihre Waren aus. Amy hatte Glück. Ihre Haltestelle war die zweite im Ort, sodass sie noch einen Sitzplatz bekam. Bereits an der Oberschule war der Bus fast voll, und als er dann an der Ecke zum Supermarkt hielt, stiegen alle Heimstätter dazu und auch Frau König. Sie hatte zwar ihren Rollator nicht mehr dabei, stützte sich aber noch auf einen Gehstock. Sie bezahlte und humpelte dann den Gang entlang auf Amy zu, gefolgt von einer ganzen Traube lärmender Menschen. Amy hörte Hanno, hörte Tilda und Gerd, und sie hörte Jörg, der versuchte, Ordnung in die Gruppe zu bringen. Busfahrer Reinerts schnarrende Stimme:»Nun mal bisschen schneller, ihr haltet den Verkehr auf!« und schließlich Bettina, die in ihre Trillerpfeife stieß, um alle zur Ruhe zu ermahnen. Mittelschweres Chaos.

Und allen voran Frau König auf ihrem Gehstock, die einfach nicht schneller konnte, als sie eben konnte. Amy winkte ihr zu und deutete mit ihrem Zeigefinger auf ihren Sitz. Sie freute sich, Frau König wiederzutreffen und wollte sie zum Herbstbasar in der nächsten Woche an ihre Schule einladen. Frau Königs Tasche baumelte etwas chaotisch an ihrem Arm, sie musste sich etwas vorbeugen und sie zurechtziehen, ehe sie weiterhumpelte. Dieser kleine Augenblick gab den Blick frei auf den Jungen, der hinter Frau König in den Bus gestiegen war. Und dieser kleine Moment reichte aus, um Amys Lächeln im Gesicht erfrieren zu lassen. Hinter Frau König kam Max. Auch mit Maske erkannte Amy ihn sofort und er sie. Amy sah augenblicklich, dass Max sie erkannt hatte. Sein fieser Blick sagte alles. Doch Amy war kein Häschen, sie konzentrierte sich auf Frau König und bedeutete ihr erneut, zu ihr zu kommen.

»Sie können hier sitzen!«, rief Amy in den neuaufbrandenden Tumult, den die Heimstätter verursachten.

Amy erkannte die Ursache dafür sofort. Es war ja auch nicht genug, dass Max in den Bus gestiegen war, hinter ihm folgten Kevin und Anatol, beide mit schwarzen Mund-Nasen-Bedeckungen, auf denen ein Totenkopf prangte. »Wie passend«, dachte Amy, »oder eher wie peinlich?«

Beide Jungs bahnten sich jetzt mit Ellenbogengewalt den Weg durch die anderen Fahrgäste, um zu Max zu gelangen. Frau König hatte Amy in der Zwischenzeit erreicht. Amy sprang auf, um ihren Platz für sie freizumachen. Doch dann passierte etwas Unerhörtes. Max stieß ihr kurzerhand seinen Ellenbogen in die Seite und schubste sie mit aller Kraft von sich weg.

»Miese Verräterin«, zischte er, »jetzt kannst du mal am eigenen Leib spüren, wie das ist, wenn dir jemand in den Rücken fällt! Hast in der Konferenz ja ganz schön deine Klappe aufgerissen.«

Amy stöhnte auf und stieß mit voller Wucht mit Frau König zusammen, riss ihr halb die Maske vom Gesicht. Frau König konnte sich gerade noch auf ihrem Gehstock abstützen und mit der freien Hand an eine Stange greifen. Amy prallte von ihr ab und landete durch die Wucht auf allen Vieren auf dem Boden des Ganges. Hanno, der hinter ihr gestanden hatte, schrie die ganze Zeit, während Amy zu Boden ging. Er jammerte, weinte und rief, bis er schließlich über Amy stolperte und koppheister ging: »Unfall! Unfall! Unfall!«

Bernd dahinter wiegte den gesamten Oberkörper vor und zurück, vor und zurück. Dabei stieß er an Lena, die nun ihrerseits zu schreien begann. Sie klatschte sich die Hände an die Ohren, riss sich die Maske vom Gesicht, spuckte und verdrehte die Augen, während Jörg vergeblich versuchte, durch den vollen Gang zu ihnen zu gelangen. In der Zwischenzeit hatte Max sich frech auf den freien Platz von Amy gesetzt und wurde von Kevin und Anatol abgeschirmt, die eng an seinem Sitz standen wie zwei dumme Schläger. Amy hörte wieder Bettinas Trillerpfeife. Zu allem Überfluss fuhr jetzt auch noch Busfahrer Reinert an und gab ordentlich Gas, als wollte er alle auf einen Schlag für ihre Unzulänglichkeiten bestrafen.

In einer scharfen Linkskurve fiel schließlich Bernd, der sich nirgends festhalten konnte, über Amy, die immer noch versuchte, wieder auf die Füße zu kommen. Amy ging vollends zu Boden. Aus den Augenwinkeln sah sie, dass wenigstens Frau König in Sicherheit war. Ein Fahrgast hatte sie zu sich in die Reihe gezogen und hielt sie fest. Der Gehstock flog ihr allerdings aus der Hand und traf Hanno, der wie Amy auch noch immer auf dem Boden lag. Lena schrie jetzt so laut, dass Jörg nicht mehr zu verstehen war, und schlug hysterisch um sich. Und auch Hanno wälzte sich von rechts nach links, von links nach rechts auf dem Boden.

»Unfall«, schrie er aus Leibeskräften, immer wieder, »Unfall!«

Bettinas Trillerpfeife tönte erneut über den Lärm hinweg. Amy spürte das Gewicht von Bernd auf ihrem Rücken, spürte Blut aus ihrer Nase rinnen und keuchte. Überall um sie her trampelten Füße. Endlich wurde der Bus langsamer. Amy hörte Bettinas empörte Stimme sich erheben und mit Busfahrer Reinert streiten.

»Das Pack verdient es doch nicht anders«, hörte sie ihn schimpfen. »Die können nicht mal aufrecht im Bus stehen!« Was Bettina darauf erwiderte, hörte Amy nicht. Aber sie hörte die Stimme von Frau König. Daraufhin spottete Max: »Ach, halt die Klappe, alte Schachtel!«

110

Amy hörte Anatol und Kevin lachen. Chaos pur! »Manchmal«, so dachte sie noch, »verliert man auch einen Kampf.« Dann hörte sie nichts mehr, sie war ohnmächtig geworden.

Eine halbe Stunde später saßen Frau König und Amy bei Gärtners im Wohnzimmer. Nachdem sie irgendwie, Amy wusste nachher nicht mehr genau, wie, den Bus verlassen hatten, rief Amy Vanessa an. Sie saß mit Frau König im Bushäuschen, knetete die blutverschmierte Maske in ihren Händen und wartete, bis Vanessas Mutter kam und sie von der Bushaltestelle abholte. Jetzt hielt sich Amy ein Kühlpack an Nase und Wange. Das Training mit Lydia und Tanja Wilkes konnte sie vergessen. Frau König trank eine Tasse Kaffee. Sie erzählte in knappen Worten, was passiert war.

»Dass der Junge so frech war und mir den Platz weggenommen hat, ist nicht einmal das Schlimmste«, sagte sie. »Am bedenklichsten ist das Verhalten des Busfahrers! Er war nicht behilflich, geschweige denn gewillt, das Chaos zu vermindern. Im Gegenteil, durch seine Reaktion ist es erst richtig chaotisch geworden. Hätte er besonnener und rücksichtsvoller gehandelt und gewartet, dann hätte Amy wieder aufstehen können und der erste Junge aus der Heimstatt wäre nicht über sie gestolpert, und die ganze Kettenreaktion wäre ausgeblieben. Aber er ist einfach weitergefahren, hat noch Beleidigungen ausgestoßen und nicht einmal auf die Betreuerin gehört.«

»Wie geht es dir, Amy?«, fragte Frau Gärtner und reichte ihr ein Glas Wasser.

»Du siehst nicht aus wie eine Volleyballerin«, kicherte Vanessa, »sondern eher wie ein Preisboxer!« Sie hielt Amy einen kleinen Spiegel hin.

»Ich heirate dich trotzdem«, sagte Julius todernst und ließ die Füße vom Sessel baumeln.

Amy versuchte, ihm zuzulächeln und blinzelte, als sie ihr Spiegelbild sah. Die Nase war geschwollen und rot, ihr rechtes Auge blutunterlaufen und ihre Wange zerschrammt und violett gefärbt. Vorsichtig berührte sie ihre Nase mit den Fingern. »Wird ja wohl hoffentlich nicht gebrochen sein!«, sagte sie. Sie musste an Daniel denken, der ähnlich lädiert ausgesehen hatte, als er auf die drei Jungs auf dem Pausenhof getroffen war.

»Ist sie nicht«, meinte Frau Gärtner und reichte ihr eine kühlende Salbe. Vanessas Mutter war Krankenschwester und hatte sicher schon Schlimmeres gesehen. »Das sind nur ordentliche Schwellungen und Blutergüsse. Trotzdem solltest zum Arzt gehen und dich einmal durchchecken lassen, schon allein wegen der Anzeige. Tut dir dein Bauch noch weh?«

Amy atmete tief ein und aus, dann schüttelte sie ihren Kopf. Insgeheim fühlte sie sich gekränkt, dass sie die Auseinandersetzung mit Max verloren hatte. Wäre sie nicht hingefallen, hätte sie sich besser zu wehren gewusst. Vielleicht hätte sie ihn vom Platz ziehen können. Aber nein, er war viel stärker, wahrscheinlich hätte sie eh den Kürzeren gezogen. Außerdem hatte er Kevin und Anatol dabei, seine Beißhunde und Schlägertypen. Wahrscheinlich war es besser so. Max war nur irgendein Idiot, einer von vielen auf der Welt, dem man irgendwann die Stirn bieten und gewinnen würde, wenn man Geduld bewies und Köpfchen hatte.

Amy hatte sofort ihre Mutter angerufen und ihr von dem Vorfall erzählt. Max würde nun die nächste Strafanzeige bekommen. Ob das viel nützen würde? Innerlich zuckte Amy mit den Schultern. Vielleicht nicht. Es war alles viel zu schnell gegangen.

Niemand hatte wirklich gesehen, dass Max Amy geschubst und zu Boden gestoßen hatte. Dennoch würden sie ihn anzeigen. Irgendwann war sein Maß voll und er musste die Konsequenzen tragen: nicht nur in der Schule, sondern auch sonst. Vielleicht würde er irgendwann vor ein Jugendgericht kommen oder was auch immer. Das war somit nur das kleinere Problem, über das Amy nachdachte. Aber Busfahrer Reinert war da schon ein anderes Kaliber.

»Frau König hat recht«, sagte Amy, während sie ihr Spiegelbild erneut betrachtete. »Das Problem ist nicht Max, der kriegt sich schon irgendwann ein. Entweder reicht sein Verstand aus und er kriegt von allein die Kurve, oder jemand anderes macht ihm klar, dass es so nicht geht. Spätestens, wenn er vors Jugendgericht muss. Seine Macht ist nur vorübergehend. Aber Busfahrer Reinert, den haben wir noch länger am Hals. Es wird Zeit, dass wir gegen das Unrecht aufstehen. Es wird Zeit, dass wir etwas gegen ihn unternehmen.«

Dieser Satz im Match war vielleicht verloren gegangen, nicht aber das ganze Match. Amy erinnerte sich an Achims Worte, als sie gegen Philippa gewonnen hatte, eine ihr erst als übermächtig erscheinende Gegenspielerin. Sie hatte mit Busfahrer Reinert vielleicht auch einen übermächtigen Gegner vor sich, aber auch bei ihm würde sie die Schwächen ausloten, und beim nächsten Mal würde sie gewinnen. Außerdem würde sie nicht allein gegen ihn antreten müssen. Teamplay war angesagt!

»Schwebt dir da schon etwas vor?«, fragte Vanessa und riss Amy damit aus ihren Gedanken.

»Oh ja«, erwiderte Amy und weihte alle in ihre Pläne ein.

KAPITEL 13

TEAMPLAY

Die nächste Schülersitzung tagte am Freitag im zweiten Stundenblock. Alle Klassensprecher und Klassensprecherinnen aller Jahrgänge waren versammelt. Das Klassenexperiment von Vanessa und Amy hatte die Runde gemacht. Nicht nur der Artikel von Michelle in der Schülerzeitung hatte dazu beigetragen, sondern auch die anschließenden Gespräche und Diskussionen unter den Schülern selbst.

Die Klassenkameraden von Karla stellten an die Schulleitung den Antrag, die Schule für Rollstühle freundlicher zu gestalten. Alle Orte sollten mit dem Rollstuhl erreichbar sein. Selbst die drei Stufen, die hinunter in die Aula führten, waren für Karla nicht zu bewältigen. Sie musste bei Veranstaltungen immer oben in der Mensa sitzen. Ben war dazugekommen und hatte weitere Punkte auf die Liste gesetzt, die aus seiner Sicht den Schulalltag von Schülern mit Handicap vereinfachen würden.

Aitam, der Schülersprecher der Schule, fasste alle Punkte zusammen und formulierte daraus einen Antrag an die Schulleitung. Er war bereit, sich gemeinsam mit dem Hausmeister über die möglichen Kosten zu informieren und die ganze Sache bei der Samtgemeinde vorzustellen. Aitam engagierte sich bereits das dritte Jahr als Schulsprecher und machte seine Sache mehr als gut.

»Hört noch einmal zu, damit ich auch nichts vergessen habe«, sagte er in die Runde. »Unser Antrag umfasst folgende Punkte«, fuhr er fort, »eine Rollstuhlrampe in die Aula hinunter, die könnten wir direkt am Eingang bauen. Dann die Anpassung der Tischhöhen in den Fachräumen, besonders eine der Werkbänke müsste niedriger gebaut und mit einer Aussparung für den Rollstuhl versehen sein. Im Klassenraum der 6c ein anderes Waschbecken. Eigentlich müssten alle Räume rollstuhltauglich sein, aber das werden wir in der ersten Runde sicherlich nicht durchkriegen. Wichtig ist aber der Klassenraum, in dem Karla jeden Tag sitzen muss. Und als Letztes brachte Ben den Punkt der automatischen Türöffner mit ein.«

»Die habe ich mal in einem Restaurant gesehen«, warf Ben dazwischen. »Und bei Dr. König gibt es die auch! Man drückt auf einen Schalter, so ähnlich wie ein Lichtschalter, und schon schwingt die Tür automatisch auf. Im Restaurant war das sogar nur ein Sensor in Fußhöhe über der Fußleiste, damit die Bedienung nicht mit einer Hand den Schalter bedienen muss, wenn sie die vollen Getränketabletts in den Händen hält. Sie hebt nur kurz den Fuß vor den Sensor, und die Tür schwingt auf!«

Amy lächelte Ben zu. Es war das erste Mal, dass sie ihm gegenüber keine Ungeduld empfand oder von ihm genervt war. Am Ende erhob sie sich und sprach im Namen des Orga-Teams, welches das Klassenexperiment auf dem Herbstbasar mit interessierten Besuchern durchführen wollte. Sie legte ihren offiziellen Zeitplan dar, darüber hinaus aber auch einen geheimen Plan, den sich das Team ausgedacht hatte.

»Nur so viel erst einmal«, sagte sie zum Abschluss, »es muss auch die Richtigen treffen!«

Das Orga-Team des Klassenexperimentes für den Herbstbasar hatte bereits zweimal nach Amys folgenschwerer Busfahrt getagt. Amys Mutter hatte, wie angekündigt, eine Anzeige gemacht. Frau König hatte sie dabei unterstützt. Seitdem war Max auf den Straßen des Dorfes nicht mehr zu sehen. Ben erzählte, dass er gehört habe, Max sei zu seinem Vater in den Harz gezogen. Amy atmete innerlich auf. Ok, sie hatte zwar nicht persönlich das Problem gelöst und die Auseinandersetzung gewonnen, aber sie war sehr erleichtert, dass es sich auf diese Weise geklärt hatte. Die Schüler und Schülerinnen konnten sich jetzt ganz auf ihr Problem mit Busfahrer Reinert konzentrieren.

Daniel hatte den Vorschlag gemacht, beim Tag der offenen Tür einen festen Parcours aufzubauen und immer einen Schüler aus dem Team mit einem Besucher mitgehenzulassen, um diesen bei Bedarf zu unterstützen. Amy hatte die Idee, einige Vertreter aus dem Ort einzuladen, und auch ihnen das Experiment nahezulegen. Sie luden schriftlich den Samtgemeindebürgermeister ein, der ja die baulichen Veränderungen in der Schule genehmigen musste, sie luden die Leiterin der Heimstatt ein, dann eine Vertreterin der Heilpädagogischen Hilfe und den Chef der Firma Naport, also des Busunternehmens, dass alle Schülerinnen und Schüler des Gymnasiums transportierte.

Obwohl der größte Ansturm nachmittags sein würde, war die Schule am Mittwoch vor den Ferien gegen zehn Uhr bereits gut gefüllt. Viele Besucher kamen aus den umliegenden Orten, um durch die Schule zu flanieren. Es gab einen Schülerflohmarkt, Ausstellungen der Heilpädagogischen Hilfe, einen Stand der

Heimstatt, die Elternvertreter hatten einen Infostand mit Flyern des Fördervereins bestückt, es gab sportliche Aktivitäten, Mitmachspiele, eine Aufführung der Trampolingruppe in Sporthalle 1, an jeder Ecke Naschereien. Es gab eine Videovorführung in der Aula, wo der Imagefilm der Schule abgespielt wurde, eine Kunstaustellung der School-Art-AG, einen Stand der Werk- und Textil-Wahlpflichtkurse und sogar im Chemieraum zu festen Zeiten Mitmachversuche. Die schuleigene Band »It's a Burner« unterhielt die Besucher mit einstudierten Musikstücken.

Um zwölf wurde dann die Sporthalle 2 für alle Interessierten des Klassenexperimentes geöffnet. Vanessa begrüßte die Leute am Eingang, ließ sie einen Zettel aus dem schwarzen Beutel ziehen und schickte sie dann weiter zu Michelle und Daniel, die die Besucher mit ihrem jeweils gezogenen Handicap ausstatteten. Auch Ben war dabei, Karla, aber auch Adham, Jonathan und Jenny.

Dann ging immer ein Schüler mit fünf Besuchern den Parcours ab und gab ihnen an den verschiedenen Stationen ihre Aufgaben. Amy begrüßte persönlich um halb eins den Schulleiter Herr Peter, den Samtgemeindebürgermeister Hartmut Rolfsen und die Vertreterin der Heilpädagogischen Hilfe am Ort, Frau Asmuss. Auch Herr Karling von Naport war anwesend. Er hatte sich diesen Tag extra freigehalten und sich für die persönliche Einladung bedankt, der er mit großem Interesse nachkam, wie er Amy an der Tür versicherte.

Amy selbst begleitete diese Gruppe nun zu Vanessa und dem schwarzen Beutel. Herr Rolfsen bekam eine Augenklappe, Frau Asmuss den Gehörschutz, Herr Peter zog das Los »Du kannst nicht richtig laufen«, ihm wurden also die Füße zusammengebunden, aber nur mit einem mittellangen Strick, und Herr Karling von Naport konnte nicht sprechen. Ihm wurde kurzerhand der

Mund zugeklebt. Amy führte ihre vier Besucher nun durch den Parcours. Alle vier mussten über einen Stuhl steigen, mussten einen Satz schreiben, über eine wackelnde Wippe gehen, sich unter ein gespanntes Seil ducken. Sie alle machten mit und hatten anscheinend Spaß dabei, denn ihre Handicaps behinderten sie bei der Ausführung nicht sehr.

Als sie schließlich das Ende des Parcours erreicht hatten, nahmen sie ihr Handicap wieder ab. Herr Peter schüttelte Amy lachend die Hand: »Was für ein großer Spaß!«

»In der Tat«, pflichtete Herr Karling ihm bei, »hat mich ein bisschen an meine Zeit bei den Pfadfindern erinnert!«

Auch Frau Asmuss und Herr Rolfsen waren begeistert und lobten die Idee des Teams. Alle vier machten Anstalten zu gehen, um den weiteren Basar in Augenschein zu nehmen.

Doch Amy stellte sich ihnen nun in den Weg. Jetzt würde Geheimplan B beginnen. »Es ist noch nicht vorbei!«, sagte Amy. Sie nickte ihrem Team zu. Karla, Ben, Johann, Aitam und Vanessa kamen zu ihnen. Die anderen aus dem Team führten weiter die Besucher durch den Parcours in Sporthalle 2.

»Wie meinst du das?«, fragte Herr Peter. »Wir haben den Parcours doch mit Bravour gemeistert!«

»Diesen schon«, meinte Amy, »aber es gibt noch einen anderen!«

»Aber dafür haben wir nun wirklich keine Zeit mehr«, sagte Herr Peter ernst, »wir müssen noch alle anderen Stationen in der Schule begutachten und würdigen.«

»Die Zeit für den zweiten Parcours sollten Sie sich nehmen«, warf Aitam ein. »Er wird mehr Erkenntnisse liefern als der erste!«

»Bitte«, sagte Karla.

Alle vier Besucher sahen auf das Mädchen im Rollstuhl hinunter.

»Na, also los«, lachte Herr Rolfsen, der Karla das Haar verstrubbelte.

Frau Asmuss trat plötzlich vor und lächelte der Gruppe zu. »Na, also dann los«, nahm sie die Worte von Herrn Karling auf und verschwand hinter einem aufgebauten Gymnastikkasten. Aitam folgte ihr. Sie kehrten nur einen Augenblick später wieder. Frau Asmuss schob einen Rollstuhl, während Aitam zwei Krücken und ein Seil in der Hand hielt.

Vanessa trat vor und hielt drei Karten hoch. »Bitte ziehen Sie erneut«, sagte sie freundlich.

Herr Peter griff zögernd nach einer Karte, während er Frau Asmuss aufmerksam musterte. »Sie sind eingeweiht«, sagte er.

»Natürlich.« Frau Asmuss lächelte verschwörerisch. »Einer musste ja den Rollstuhl besorgen. Jetzt geht es ans Eingemachte!«

Herr Peter drehte seine gezogene Karte um und hielt sie hoch. Zwei Krücken waren darauf zu sehen. Herr Rolfsen zog das Seil und Herr Karling den Rollstuhl.

»Bitte sehr«, sagte Frau Asmuss zu ihm und deutete auf den Rollstuhl. »Bitte Platz zu nehmen!«

Amy reichte Herrn Peter die Krücken, während Aitam Herrn Rolfsen den rechten Arm auf den Rücken band.

Dann führte Amy die Gruppe aus der Sporthalle hinaus: Herr Karling im Rollstuhl wie Karla, Herr Peter auf Krücken wie Johann und Herr Rolfsen mit nur einem Arm wie Ben. Vanessa, Ben, Aitam und Frau Asmuss begleiteten sie.

»Sie alle werden nun Gelegenheit haben, alle weiteren Stationen des Herbstbasars in Augenschein zu nehmen und zu würdigen«, sagte Amy, wobei sie alle der Reihe nach ansah. »Dies ist unser Parcours«, fügte sie hinzu, als sie die Schule über den Haupteingang betraten. »Willkommen in der wirklichen Welt.«

Der Herbstbasar war ein voller Erfolg. Amy und ihr Team hatten die drei Vertreter der Schule, der Samtgemeinde und des Busunternehmens durch die Schule geführt und sie vor alltägliche Aufgaben gestellt. Im Werkraum sollten sie ein Stück Holz mit Nägeln versehen. Herr Karling im Rollstuhl hatte sofort gemerkt, dass er nicht auf die Werkbank hinaufreichen konnte, während es auch für Herrn Peter schwierig war, mit beiden Krücken zu stehen und gleichzeitig Hammer und Nagel zu halten. Herr Rolfsen konnte mit einem Arm zwar das Holz zwischen die Schraubzwinge drehen, dann aber den Nagel nicht halten, um zu hämmern. In der Aula im unteren Bereich gab es Crêpes. Herr Rolfsen konnte diese ohne Probleme holen, Herr Peter konnte zwar auf seinen Krücken dorthin humpeln, musste sich aber an einer Wand abstützen, um essen zu können. Herr Karling hätte prima essen können, wäre er nur an die Crêpes herangekommen. Da es keine Rollstuhlrampe hinunter in die Aula gab, konnte er den Stand gar nicht erreichen. Er wäre auf die Hilfe eines Mitschülers angewiesen, ihm einen Crêpe zu holen. Die Klassenräume des neunten Jahrganges konnten nur Herr Rolfsen und Herr Peter betreten, da es in diesem Bereich der Schule keinen Fahrstuhl gab. Mit der Bienen-AG-Kiste, in der mehrere Kerzen verstaut waren, konnte keiner von dreien durch die Eingangstür gelangen. Es sei denn, ein Mitschüler wäre so freundlich gewesen, ihnen die Tür zu öffnen und weiter aufzuhalten. Herr Karling konnte den hinteren Bereich des Pausenhofes nicht erreichen, es sei denn, er machte einen großen Umweg, denn der direkte Zugang war geschottert. Selbst er als erwachsener Mann hatte nicht die Kraft in den Armen, mit dem Rollstuhl da drüber zu fahren. Er gab nach halber Strecke auf. Auch Herr Peter auf seinen Krücken hatte dort Schwierigkeiten mit der Balance. Immer wieder sank eine Krücke etwas weiter ein oder fand keinen richtigen Halt.

Die vorletzte Station war die Essenausgabe der Mensa gewesen. Herr Rolfsen konnte das Tablett zwar mit einem Arm entgegennehmen, hatte aber Schwierigkeiten, es heil auf dem Tisch abzustellen, ohne dass sein Teller, sein Glas oder das Essen herunterrutschte. Herr Karling stieß mit dem Rollstuhl immer wieder gegen Tische, Stühle oder den Besteckwagen, weil es viel zu eng war. Auch konnte er sein Tablett nicht richtig annehmen, weil die Theke zu hoch war. Es funktionierte erst, als Conny, die Mensa-Dame, mit dem Tablett durch die Tür kam und es ihm auf den Schoß stellte. Und Herr Peter auf seinen Krücken konnte das Tablett ohne Hilfe überhaupt nicht entgegennehmen.

Danach führte das Team ihre Gäste durch die langen Gänge der Schule, immer wieder durch Türen, die sie nicht richtig aufbekamen, an Stufen vorbei, die der Rollstuhl nicht bewältigen konnte, bis hin auf den Busparkplatz. Amy hatte Karin mit ins Boot geholt. Sie war mit einem Bus von Naport gekommen und wartete mit geöffneter Vordertür auf die Gruppe. Die Chefin, also die Frau von Herrn Karling, wusste auch Bescheid und hatte die Fahrt genehmigt.

»Ich weiß genau, was jetzt kommt«, sagte Herr Karling resigniert.

»Nicht ganz, das wette ich!«, erwiderte Amy.

Vanessa stieg die Stufen zu Karin hoch und holte aus dem Gang des Busses Rucksäcke und Turnbeutel. Herr Karling durfte den Rollstuhl gegen Krücken tauschen. Dann wurden alle mit den Rucksäcken und Turnbeuteln ausgestattet.

Sowie sie die erste Stufe des Busses betraten, begann Karin mit verstellter Stimme zu schimpfen.

»Bisschen schneller«, ranzte sie Herrn Peter an, der damit beschäftigt war, auf seinen Krücken zu balancieren und Stufe für Stufe hochzuhumpeln, während ihm der Turnbeutel um die Beine schlug, »Sie halten den ganzen Verkehr auf!«

Zu Herrn Rolfsen sagte sie: »Fahrkarte zeigen, aber ein bisschen hopphopp!« Herr Rolfsen guckte sie für einen Moment mehr als verdutzt an, als er feststellte, dass das mit einem Arm recht schwierig war. Die Fahrkarte steckte in der Seitentasche des Rucksacks, aber er hatte ja auch noch den Turnbeutel in der Hand.

Und Herr Karling sollte seine »nasse« Jacke ausziehen, um den Bus nicht voll zu tropfen. »Ein bisschen dalli, dalli, du Saubeutel!«

Erstaunt hob Herr Karling seine Augenbrauen und sah Karin mit großen Augen skeptisch an, versuchte aber, der Aufforderung nachzukommen.

»Gehört alles noch zum Experiment«, erklärte Amy, »bitte nehmen Sie es Karin nicht krumm!«

Als endlich alle im Bus waren, durften die drei Erwachsenen nicht Platz nehmen, sondern mussten sich an den Stangen festhalten. Karin fuhr ruckartig an, gab Gas, legte den schweren Bus schnittig in die Kurven und fuhr wie ein Berserker. Alle Männer erhoben ihre Stimmen, versuchten sich festzuhalten, schwankten an der Stange nach rechts, nach links, Herr Peter verlor eine Krücke, bis Herr Karling schließlich rief: »Karin, jetzt reicht es aber, du fährst ja wie eine Bekloppte!«

122

Karin ging vom Gas, fuhr wieder sanfter und kehrte zur Schule zurück.

»Eher gesagt wie Busfahrer Reinert«, sagte Amy.

Erneut schossen die Augenbrauen von Herrn Karling in die Höhe.

Das war die letzte Station des Experimentes gewesen. Nun saß das gesamte Team des Experimentes im Büro des Schulleiters zusammen und besprach das Ganze bei frischen Waffeln mit Kirschen und Sahne.

»Wir wollen nicht, dass Herr Reinert Ärger bekommt«, sagte Amy, »zumindest nicht auf dem offiziellen Weg.«

»Aber wir wollen, dass er am eigenen Leib erfährt, wie es ist, mit einem Handicap fertig werden zu müssen«, ergänzte Vanessa.

»Viele Menschen haben ihre eigenen Schwierigkeiten, sie versuchen aber ihr Bestes, damit klarzukommen«, sagte Amy. »Aber manche Menschen in ihrem Umfeld reagieren auf ihre vermeintlichen Unzulänglichkeiten mit Ungeduld und Härte.« Sie senkte für einen kurzen Moment die Augenlider, dann holte sie tief Luft und erzählte nun auch in dieser Runde von ihrer Begegnung mit Ben an der Tür und seiner Wachskerzenkiste aus der Bienen-AG.

»Ach, deshalb sollten wir versuchen, die Tür mit einer Kiste voller Kerzen in der einen Hand zu öffnen«, warf Herr Peter ein.

Vanessa nickte. »Sie haben alle Aufgaben mit den Schwierigkeiten von uns bekommen, vor denen Ben, Karla und Johann jeden Tag stehen. Und nicht nur die drei, sondern auch wir mit ihnen.«

»Und dann kommt noch die Busfahrt hinzu«, warf Amy ein. »Als ob es nicht schon reicht, jeden Tag Kraft und Mut aufzubringen, diese Schwierigkeiten hier in der Schule zu bewältigen, stoßen manche von uns auch noch auf ungeduldige Menschen, die nichts Besseres zu tun haben, als darauf herumzureiten, die unfreundlich und zynisch sind, die es eben nie am eigenen Leib verspürt haben, wie sich das anfühlt.«

Herr Karling stellte seine Kaffeetasse ab. Er blickte Amy direkt an. »Ich habe bereits Beschwerden über euren Busfahrer gehört, zugegeben«, sagte er langsam. »Aber ich habe dem Ganzen keine große Bedeutung zugemessen. Da war die Betreuerin aus der Heimstatt, die von einem Drüber und Drunter im Bus berichtete und von diskriminierendem Verhalten sprach, und eine ältere Dame mit Rollator, die sich über das rüpelhafte Verhalten von Dietmar beschwerte.«

»Das waren sicher Bettina und Frau König«, warf Amy ein.

»Ich habe das nicht ganz ernst genommen«, fuhr Herr Karling fort. »Jeder hat schließlich mal einen schlechten Tag und jedem reißt einmal der Geduldsfaden. Und wenn ich ehrlich bin, habe ich gedacht, dass diese ›Ökotante‹ Bettina wieder einmal übertreibt und die alte Dame mit Rollator einfach zu zimperlich oder sensibel ist und nichts verträgt. Auch das sind, wie ich jetzt gestehen muss, ja schon Diskriminierungen. Nichts für Ungut, Frau Asmuss, aber es ist manchmal wirklich nicht leicht, die Menschen aus der Heimstatt oder aus der Heilpädagogischen Hilfe um sich zu haben oder auch nur annähernd ihre zusätzlichen Bedürfnisse zu akzeptieren. Das fällt nicht leicht, das zuzugeben.«

Frau Asmuss hob ihren Blick und sah den Chef des Busunternehmens eindringlich an, dann lächelte sie. »Mit dieser Erkenntnis fängt oft die Besserung an«, sagte sie. »Ich kann das sehr gut verstehen, dass viele ›normale‹ Menschen unseren Bewohnern der Heimstatt aus dem Weg gehen, weil sie ihnen unangenehm sind. Es war schon immer ein Problem, wenn manche Menschen anders sind als andere, und das wird es vermutlich auch bleiben.«

»Dennoch sollten sie nicht nur die gleichen Rechte haben, sondern auch die gleichen Möglichkeiten«, sagte Amy. »Vor allem aber haben sie ein Recht auf Geduld und Freundlichkeit«, fügte Vanessa an. »Aber dieses Recht haben wir auch. Selbst mich hat Busfahrer Reinert einmal im Regen stehen gelassen, als ich einer Frau aus dem Bus half. Er hat die Türen geschlossen und ist einfach losgefahren.«

»Das ist nicht nur Diskriminierung, sondern auch Schikane«, meinte Amy.

»Was also wollt ihr, dass ich tue?«, fragte Herr Karling. »Ich sehe ein, dass ich dringend über barrierefreie Busse nachdenken und offenbar auch mehr als dringend ein Personalgespräch führen muss. Sie, Herr Peter, werden sicherlich mit Herrn Rolfsen über bauliche Maßnahmen hier in der Schule beraten, das ist leicht, vielleicht könnten auch wir uns einmal an den runden Tisch setzen, was die Barrierefreiheit der Bushaltestellen betrifft … Ich aber habe ein weiteres, ein zwischenmenschliches Problem.« Er wurde ganz still und nachdenklich.

»Dietmar ist sicher kein schlechter Mensch«, sagte er schließlich. »Gut, er ist in letzter Zeit gereizter als sonst. Wir haben das darauf geschoben, dass seine Frau vor einigen Monaten verstorben ist. Aber wenn er sich wirklich so rüpelhaft verhält, ist das natürlich nicht tragbar … Was also wollt ihr, dass ich tue?«

Amy und Vanessa sahen sich für einen kurzen Augenblick an und nickten einander dann zu.

»*Sie* sollen gar nichts tun«, sagte Amy.

»Das übernimmt unser Team«, meinte Vanessa. »Wir sind froh, dass wir gehört wurden, und dass Sie uns ernst nehmen.«

»Wie könnte ich das heute nach diesem Experiment nicht?«, sagte Herr Karling leise.

»Sie müssen uns nur erlauben, mit Busfahrer Reinert auch ein Experiment durchführen zu dürfen«, erklärte Amy, »ein Experiment, das auf ihn zugeschnitten ist und ihm vielleicht einen Weg zur Besserung aufzeigt, wie es Frau Asmuss ausgedrückt hat.«

»Das Einzige, was Sie tun müssen, wenn er nicht mitmachen will, ist«, fügte Amy noch an, »es ihm …« Amy kam kurz das Wort *befehlen* in den Sinn, doch nach kurzem Zögern sagte sie lieber: »… Na ja, sagen wir mal, es ihm eindringlich nahezulegen!«

KAPITEL 14

AUF DEM PRÜFSTAND

Der letzte Schultag vor den Herbstferien war gekommen. Das Jahr 2022 neigte sich dem Ende zu. Nachdem die Schüler bereits im Unterricht keine Masken mehr tragen mussten, nachdem sie sich wieder wirklich auf dem Pausenhof begegnen durften, lachen, sich fangen oder Fußball spielen konnten, ohne Abstand einzuhalten, brauchten nun die Schüler auch in den Bussen die Masken endlich nicht mehr.

Der Herbstbasar war ein voller Erfolg gewesen, und die Klassen bereiteten sich jetzt schon wieder auf die Adventszeit vor. Da sollte es eine Weihnachtsbäckerei der neuen 5. Klassen geben, eine adventliche Einstimmung unterm Weihnachtsbaum an jedem Montagmorgen für Interessierte mit Musik von *It`s a Burner* und eine Lesung von Frau Droll, die eine Deutschlehrerin, aber gleichzeitig auch Autorin war. Die 6. Klassen bereiteten sich auf den Vorlesewettbewerb vor, die 8. Klassen fuhren ins *Grüne Praktikum* in den Wald, während die 10. Klassen ihrem zweiwöchigen Schulpraktikum entgegensahen. Für den 13. Jahrgang wurde es auch spannend, denn sie schrieben vor Weihnachten die abilangen Klausuren und würden dann im Frühjahr ihr Abitur machen, während sich Amys Jahrgang auf ihre Fit-for-Life-Fahrt ins Dümmerheim freute.

Das alles sollte nach den Herbstferien stattfinden. Doch heute, am letzten Schultag, würde ein anderes großes Ereignis die Schüler und Schülerinnen des Gymnasiums beschäftigen: Busfahrer Reinerts Prüfung. Am Mittwoch hatte das Orga-Team im Schulleiterbüro diesen Antrag gestellt und zum Glück hatten alle Erwachsenen in das Busfahrerexperiment eingewilligt, allen voran Herr Karling. Die Schüler und Schülerinnen von Amys Team waren sich einig, dass sie Busfahrer Reinert nicht brüskieren wollten, sie wollten ihn auf gar keinen Fall bloßstellen. Aber er sollte die gleichen Erfahrungen machen wie die Besucher des Basars in der Turnhalle.

Daniel hatte den Vorschlag gemacht, dass man mit einem »einfachen Handicap« beginnen solle. »Wir wollen ihn ja nicht gleich am Anfang verlieren«, sagte er.

»Auf jeden Fall muss er einen Arm verlieren«, meinte Ben, »er soll mal selbst sehen, wie es ist, wenn man nur einen Arm zur Verfügung hat.«

»Und die Beine, zumindest eins«, fand Karla wichtig.

Das Team einigte sich also auf folgende Dinge: Als erstes sollte die Augenklappe einseitig zum Einsatz kommen, danach die Krücken, dann das Seil, das Busfahrer Reinert den rechten Arm festhalten und zum Schluss, wenn noch Zeit war, ein Seil, das beide Beine zusammenhalten würde.

Amy verspürte Aufregung. Es regnete zwar in Strömen, genauso wie am Donnerstag vor acht Wochen, als die Schule nach den Sommerferien wieder begonnen hatte, auch war es 7 Uhr in der Früh, aber ansonsten war alles anders. Amy war weder mies gelaunt noch mürrisch, im Gegenteil, sie konnte es kaum abwarten, in die Schule zu kommen und sich ein letztes Mal mit ihrem Team zu treffen. Alle waren sich darüber einig, dass Amy, Vanessa, Daniel und Ben an Busfahrer Reinert herantreten sollten. Aber auch Aitam, der zwar kein Busschüler, aber der offizielle Schülervertreter war, sollte dabei sein. Herr Karling würde um 13 Uhr 05 pünktlich zum Schulende zum Busparkplatz kommen und Dietmar, wie er ihn nannte, einweisen.

Ben trat zu Amy. Auch das empfand Amy dieses Mal nicht als störend.

»Und?«, fragte sie ihn. »Aufgeregt?«

»Sehr!«

»Es wird schon alles gut gehen«, sagte Amy.

»Heute schon«, meinte Ben, »heute ist sein Chef dabei. Was ist aber mit all den anderen Tagen danach? Wenn wir wieder allein mit ihm klarkommen müssen? Wenn er sich nicht ändert, im Gegenteil, wenn er uns das krummnimmt und noch gemeiner zu uns ... zu mir ... wird ...«

Ben hatte schnell und voller Angst gesprochen, jetzt hielt er inne, ein wenig atemlos und entsetzt, dass er seine Ängste laut ausgesprochen hatte.

»Es wird schon gut gehen«, wiederholte Amy. Dann fügte sie hinzu, weil sie wusste, dass diese Floskeln Ben nicht gerade helfen oder aufmuntern würden: »Und wenn nicht, dann bist du nicht allein. Wir alle sind dann da, wir alle stehen für unser Recht, für dein Recht ein ... gemeinsam, Ben!« Und dann tat Amy etwas, das sie noch nie getan hatte. Sie legte Ben eine Hand um die Schulter.

Überrascht sah Ben zu ihr auf. Sein Gesicht glänzte nass, und wie damals Rosa Parks nicht wusste, wo der Regen aufhörte und ihre Tränen begannen, hatte auch Amy das Gefühl, dass sich Bens Tränen mit dem Regen mischten. Aber es waren keine bitteren Tränen wie bei Rosa Parks, auch keine Tränen der Traurigkeit oder der Angst, vielmehr lächelte er jetzt zaghaft und mit ein wenig mehr Zuversicht. Und dieses Lächeln verschwand auch nicht, als der Bus um die Ecke bog.

Beide achteten gar nicht auf das Gebrumme von Busfahrer Reinert, von wegen *Saubeutel* und *tropft mir die Sitze nass*, sie gingen mit einem fröhlichen »Guten Morgen« an ihm vorbei, während Amy die Fahrkarte von Ben hochhielt. Da hinter ihnen schon die anderen folgten, hatte Busfahrer Reinert keine Gelegenheit, sich Ben herauszupicken und wieder auf ihm herumzuhacken. Amy spürte, wie Ben neben ihr wuchs, seinen Rücken streckte. Er setzte sich auf einen freien Platz, während Amy neben ihm stehen blieb. Als sie in sein Gesicht hinunterblickte, sah sie einen ganz neuen Ausdruck in Bens Augen. Das zuversichtliche Lächeln war geblieben. Aber da war noch mehr. In Bens Augen lag ein neuer Glanz, da lagen Würde und … Mut. Erstaunt schoss Amys rechte Augenbraue nach oben. Was hatte Frau König neulich gesagt? Um etwas Schlechtes in etwas Gutes zu verwandeln, bedarf es Mut, immer und vor allem das: Mut. Amy hatte das damals zwar verstanden, aber nun sah sie vor sich, was das im realen Leben bedeutete. Noch nie hatte sie das an einem Menschen beobachtet und, wieso auch immer, sie konnte es nicht sagen, erfüllte sie das mit Stolz. Sie sah hier jemanden, der eigentlich Angst hatte und dennoch handelte. Unwillkürlich dachte sie an Rosa Parks, die auch Angst verspürt und dennoch gehandelt hatte. Mit dieser Einstellung überwand man die Angst und noch mehr: Aus diesem Handeln schöpfte sie Mut. Das Gleiche sah sie jetzt bei Ben. Wieder legte sie Ben ihre Hand auf die Schulter und begegnete seinem Blick. Da lag stummes Erkennen und vor allem Verstehen.

Als der Bus an der Schule hielt, trottete Ben mit seinen Klassenkameraden zum Nordgebäude, während Amy in die andere Richtung abbog und ins Südgebäude stapfte.

Er winkte ihr noch einmal zu, glücklich, fröhlich, dankbar. Amy sah, dass Marie wie selbstverständlich die Tür für Ben aufhielt, hörte, dass Lukas ihm anbot, seine Tasche zu tragen. Amys Herz machte einen Satz. »So sollte es sein«, dachte sie, »einfach selbstverständlich!«

Wenn sie ehrlich mit sich war, hatte sie selbst in den letzten Wochen eine Menge über sich gelernt. Sie hatte gemerkt, wie ihre Ungeduld verpuffte, dass ihre schlechte Laune verflog, dass sie mehr Verständnis für andere Menschen aufbrachte, die eben nicht so waren oder tickten wie sie selbst. Das bezog sich nicht nur auf die Menschen aus der Heimstatt oder auf Ben, das bezog sich auch auf die Mädchen aus ihrer Tennisgruppe, auf die Mädchen aus ihrer Volleyballmannschaft. Sie schimpfte und meckerte nicht ständig über die Unfähigkeiten anderer, sondern konnte das Ganze auch einmal in Ruhe von außen betrachten. Sie sah nicht mehr nur die Fehler, die Sophie beim Aufschlag machte, die Amy früher ständig hatte kommentieren müssen, sondern sie sah jetzt die kleinen Fortschritte, die sie machte, dass ihr Aufschlag im Gegensatz zu acht Wochen zuvor schon viel besser geworden war. Amy spürte nicht mehr den Drang, immer alles negativ zu kommentieren, sondern fühlte sich in der Lage, Dinge gelassener hinzunehmen und sie so einzusortieren, wie sie wirklich waren.

Lydia, ihre Volleyball-Trainern, hatte in der letzten Woche zu ihr gesagt: »Es ist schön zu sehen, Amy, dass du die Leistungen anderer endlich anerkennst und nicht immer an deinen eigenen Maßstäben misst. Du bist ein ganzes Stück weitergekommen und vor allem, Amy, bist du endlich der Teamplayer geworden, den es für eine wirklich gute Mannschaft braucht.«

Vor einigen Wochen hätte Amy dieser Spruch sicher aufgeregt, doch nun war sie tatsächlich so weit, dass sie ihn verstand. Das Team war immer nur so stark wie der Schwächste, aber das war nichts, überhaupt nichts Negatives, wenn der Rest des Teams das mittrug.

Amy schlurfte den anderen Schülern hinterher, stieg die Stufen in den zweiten Stock hinauf und betrat ihr Klassenzimmer. Frau Wilke war bereits da.

»Na, da tragt ihr ja die halbe Sintflut in meinen Raum«, lachte sie. »Hängt eure Jacken einfach über die Heizung, dann trocknen sie schneller. Nicht, dass ihr pünktlich zu den Ferien alle krank werdet!«

Dann begann der Unterricht. Die letzten Präsentationen über die US-amerikanischen Präsidenten wurden gehalten, Obama und Biden waren dran, danach hatte Amy Kunst. Sie bemalten im Wahlpflichtkurs die Sichtsäulen in der Mensa nach künstlerischen Motiven von Franz Marc und Friedensreich Hundertwasser. Im letzten Block traf sich dann das Team »Projekt Reinert«.

Vanessa, Daniel, Ben und Aitam warteten bereits auf Amy, die alle Utensilien mitbrachte, die sie brauchten. Sie gingen gemeinsam ihre Liste noch einmal durch. Lange hatten sie darüber diskutiert, mit welchem Handicap sie beginnen wollten, welches dann folgen sollte und wie sie endeten. Als alles besprochen war und es zum Schulende gongte, machte sich das Team auf den Weg zum Busparkplatz. Busfahrer Reinert würde sich sicherlich wundern, warum ein zweiter Bus mit Karin am Steuer dort stehen und seine Fahrgäste aufnehmen würde. Aber Herr Karling war ja da, um es ihm zu erklären.

Als das Team vom Pausenhof hinuntertrat, die Straße überquerte und auf den Busparkplatz zusteuerte, konnte es schon von Weitem erkennen, dass Karins Bus geladen wurde, während Busfahrer Reinert laut gestikulierend vor ihrer offenen Tür stand und die Welt anscheinend nicht mehr verstand.

»Wieso fährst du meine Strecke?«, hörten sie ihn schimpfen. »Wieso nimmst du meine Schüler auf und bei mir dürfen sie nicht einsteigen? Warum hat man mich nicht in Kenntnis gesetzt? ... Was soll das heißen, Sonderfahrt? Was für eine Sonderfahrt? Kann mir bitte mal jemand erklären ...«

Herr Karling war von hinten an Busfahrer Reinert herangetreten. Das Schimpfen von Busfahrer Reinert brach abrupt ab, als er die Hand auf seiner Schulter spürte. Er fuhr herum und erkannte seinen Chef. Schlagartig änderte sich seine ganze Haltung, er wurde zurückhaltender, bescheidener, ruhiger. So also sah ihn Herr Karling. Kein Wunder, dass er *Dietmar* für keinen schlechten Menschen hielt. Die Schüler jedoch sahen Busfahrer Reinert, den, der ungeduldig und miesepetrig über alles meckerte. Was für ein Unterschied. *Dietmar* Reinert konnte freundlich gucken, sogar lächeln.

Amy sah aber auch, wie Busfahrer Reinerts Lächeln wieder gefror, als er den Erklärungen seines Chefs lauschte und verstand, was er tun sollte. Dann wandte er den Kopf und nahm das Team ins Visier. Jetzt verspürte auch Amy Angst und Zweifel. Was Ben heute Morgen umgetrieben und beschäftigt hatte, drang nun in ihre Gedanken und in ihr Herz. Aber wie Ben zuvor streckte auch sie unwillkürlich ihren Rücken. Jetzt begann der Kampf. Jetzt standen sie für ihre Rechte ein, jetzt galt es, ruhig und zuversichtlich zu sein. Um sie herum, hinter und neben ihr spürte Amy den gleichen Ruck, der durch die Körper und Gedanken ihrer Teammitglieder ging. Alle wappneten sich.

Karin schloss die Türen ihres Busses, setzte den Blinker und fuhr los. Im Schritttempo rollte sie an ihnen vorbei, wobei sie eine Hand zum Gruß hob. Mit den Lippen formte sie unhörbar die Worte:»Viel Glück!«

Amy nickte ihr kurz zu und trat dann an Herrn Karling und Busfahrer Reinert heran.

Herr Karling begrüßte die Gruppe herzlich, während Busfahrer Reinert wie versteinert dastand und gar nichts sagte. Völlig untypisch für ihn.

»Ich habe Dietmar hier erklärt, was ihr von ihm möchtet. Und er hat sich bereit erklärt, euren Anweisungen zu folgen.«

»Na, was der Chef sagt, muss ich ja tun«, murmelte Busfahrer Reinert. Er sah die Gruppe mit einer leichten Herausforderung in Stimme und Blick an.

Amy spürte ihre Zunge klebrig und zäh im Mund hängen, und das Sprechen wollte ihr nicht gelingen. Sie hätte die Eingangsworte sprechen sollen, hätte sagen sollen, dass sie Busfahrer Reinert nicht brüskieren wollten, dass sie sich aber wünschten, dass er an ihrem Experiment teilnehmen solle. Sie hätte erklären sollen, worum es ihnen ging, hätte vom Schulexperiment berichten sollen, aber da waren keine Worte, da war nur Unfähigkeit und Stummheit, bis etwas Unglaubliches geschah: Ben trat vor. Mit seinem gesunden Arm ergriff er Amys Hand. Mit ruhiger, aber deutlicher Stimme sagte er:»Es geht uns in Ihrem Bus nicht gut, Herr Reinert. *Mir* geht es in Ihrem Bus nicht gut. Ich möchte aber, dass es mir gut geht. Sie haben ganz recht, ich halte manchmal den Verkehr auf, ich tropfe manchmal die Sitze voll, ich kann nicht so schnell wie die anderen. Aber ich versuche es, jeden Tag. Und wenn ich versuchen kann, mich *Ihren* Regeln anzupassen, dann können Sie, zumindest heute, auch einmal versuchen, sich *uns* anzupassen. Wenn Sie einmal erfahren, was es heißt, mit einem Handicap zu leben, dann werden Sie vielleicht ein wenig geduldiger. Das ist alles, was ich mir wünsche.«

Stille. Absolute Stille, als hätte irgendjemand den Lautstärkeregler auf Null gedreht. Dann fand Amy ihre Worte wieder. »Wir möchten, dass Sie diese Augenklappe aufsetzen«, sagte sie, während Vanessa vortrat und Busfahrer Reinert die Augenklappe hinhielt.

Amy registrierte, dass er sich etwas entspannte. Diese Aufgabe erschien ihm leicht. Zumindest war die Strategie des Teams aufgegangen, ihn nicht gleich mit einer nicht zu lösenden Aufgabe zu überfordern. Busfahrer Reinert griff nach der Augenklappe und stülpte sie über sein linkes Auge. Auch die Aufgabe, die er nun damit bewältigen musste, schien noch einfach und lösbar. Er sollte, wie die Schüler der Klasse vor ihm, Dinge auf einem Plakat erkennen und benennen. Danach wurden aus den Bildern aber Wörter, erst noch groß und in Plakatschrift, dann immer kleiner. Bei Straßenschildgröße hatte Busfahrer Reinert aus einiger Entfernung das erste Mal Probleme, den Namen zu lesen, und als es darum ging, Wörter, Namen oder Sätze auf Busfahrkarten, Fahrkarten oder Beförderungsscheinen mit nur einem Auge entziffern zu müssen, kapitulierte er. Es war anstrengend, mit nur einem Auge alles schnell und richtig zu erfassen, wie er selbst zugab.

Bei seinem zweiten Handicap musste er mit Krücken in den Bus steigen, mit Rucksack, Turnbeutel und Regencape. Er lachte unsicher auf, als er fast auf den Stufen wegrutschte, versuchte, das noch herunterzuspielen und machte einen Scherz. »Bin doch noch kein Opa!« Er lachte auf. Doch sein Gesicht verriet Anstrengung, Konzentration und das erste Mal auch noch etwas anderes: Da war ein Aufblitzen von Erkenntnis. Er musste auf den Krücken dann noch ein Weilchen humpeln, einen Absatz an der Straße rauf und runter, dann hinter seinem Lenkrad Platz nehmen. All das gelang ihm zwar, aber alles nur mit großer Mühe. Als er endlich hinter seinem Lenkrad saß, wusste er nicht, wohin mit seinen Krücken.

Aitam trat an ihn heran, nahm ihm die Krücken ab und band ihm anschließend den rechten Arm auf den Rücken. Ohne, dass irgendjemand etwas erklären musste, war Busfahrer Reinert spätestens jetzt klar, dass er seinen Job nicht mehr ausführen konnte. Allein mit einem Auge hätte er schon nicht fahren dürfen, doch das war nicht so offensichtlich wie jetzt, da er nicht einmal schalten, geschweige denn lenken konnte.

Eigentlich wollte das Team ihm noch einen Fuß festbinden, doch die Reaktion von Busfahrer Reinert überraschte sie alle. Er saß ganz still hinter seinem Lenkrad, sagte lange nichts. Irgendwann drehte er sich zu den Schülern um, sah Amy an, dann Vanessa, Daniel und Aitam. An Ben blieben seine Augen lange haften.

»Ich weiß gar nicht, was ich sagen soll …«, begann er unsicher, dann brach seine Stimme ab.

Eine beklemmende Stille machte sich breit. Und wieder war Ben es, der ihr die Schärfe nahm. Ganz sachte trat er vor, legte seine Hand auf den festgebundenen Arm von Busfahrer Reinert, löste den Knoten und sagte: »Sie brauchen gar nichts zu sagen. Es reicht, wenn Sie verstehen!«

Busfahrer Reinert nickte dem Jungen mit nur einem Arm zu. Alle hatten das wunderbare Gefühl, dass dies zum ersten Mal eine Begegnung auf Augenhöhe war.

Hier endete das Experiment, aber das *Projekt Reinert* lief noch weiter. Als Busfahrer Reinert aus dem Bus stieg, gefolgt von allen Teammitgliedern, wurde er von vielen Menschen auf dem Busparkplatz begrüßt. Die anderen Teammitglieder waren da, Karla im Rollstuhl, Johann auf den Krücken und Jenny, Michelle und Joulina. Aber da stand auch Frau König mit ihrem Gehstock, Bettina mit ihrer Trillerpfeife zusammen mit Jörg und dahinter die Menschen von der Heimstatt: Hanno war da, Lena, Bernd und Tilda. Frau Wilke war gekommen, Herr Peter und auch Frau Asmuss. Herr Karling nahm Busfahrer Reinert an der untersten Stufe des Busses in Empfang, reichte ihm die Hand, die Dietmar erleichtert und froh ergriff. Er schüttelte sie lange. Amy und ihr Team wussten nicht recht, wie sie damit umgehen sollten, was es jetzt noch zu sagen oder zu tun gab.

Hanno durchbrach jedoch plötzlich die peinliche Stimmung und rief auf seine ehrliche und grundfröhliche Art: »Hurra, Hurra!«, während Lena sich diesmal nicht auf ihre Ohren klatschte, sondern in die Hände. Bernd tat es ihr gleich und plötzlich nahmen alle Schüler und auch die Erwachsenen diese fröhliche Geste auf. Sie standen dort im leichten Nieselregen und applaudierten dem Busfahrer, der seine Prüfung bestanden hatte.

»Gut gemacht, Dietmar«, lobte Herr Karling, »in der Tat, wirklich gut gemacht!«

Alle stiegen nun ein, suchten sich einen Sitzplatz. Busfahrer Reinert wartete, bis alle saßen, dann fuhr er an. Und für Amy, Ben, Vanessa und Frau König war es wie eine Jungfernfahrt, wie die erste Fahrt mit Busfahrer Reinert überhaupt, denn er fuhr ganz anders als sonst. Als wären Unwille, Ungeduld und Miesepetrigkeit von ihm abgefallen wie reife Äpfel von den Bäumen, so fuhr er nun ganz anders, viel bedachter, sanfter.

Seine Fahrgäste redeten nun ausgelassen und fröhlich miteinander, anstatt sich leise über ihn zu beschweren und über ihn zu schimpfen. Er brachte alle Heimstätter wohlbehalten nach Halldorf und dann den Rest seiner Fahrgäste nach Neuenfelden. Amy dachte bei sich, dass sie alle nicht nur gelernt hatten, Rampen für Elefanten zu bauen, sondern auch Brücken. Und Busfahrer Reinert?

Nun ja, wie gesagt, das *Projekt Reinert* ging weiter. Er hatte sich zwar nicht um 180 Grad gedreht und nicht alle Tage waren gut, aber eine enorme Veränderung war es dennoch. Er hatte, wenn auch nur für einen Bruchteil von Sekunden, am eigenen Leib erlebt, wie es war, zu einer benachteiligten Gruppe in der Gesellschaft zu hören. Er hatte sich dem Experiment gebeugt, hatte sich selbst einem Urteil gestellt, das jedoch ausgeblieben war. Keiner, nicht einmal Ben, hatte ihn verurteilt, sondern nur sein Verständnis eingefordert.

Busfahrer Reinerts Launen verschwanden zwar nicht auf einen Schlag, aber seine Sicht auf seine Fahrgäste hatte sich grundlegend geändert, sodass er seine schlechte Laune, wenn er die denn hatte, nicht mehr an ihnen ausließ. Jeder, der mit ihm mitfuhr, konnten an jedem neuen Tag eine klitzekleine Veränderung spüren: Da war etwas mehr Geduld als sonst, ein Lächeln, manchmal sogar eine freundliche Geste. Am Tag der offenen Tür der Werkstätten war Busfahrer Reinert sogar der Einladung gefolgt und ließ sich, eng begleitet von Hanno, Lena und Bernd, durch die Heimstatt führen.

Das mochte vielleicht nur ein kleiner Schritt innerhalb der Gesellschaft sein, was die Toleranz und das Miteinander aller Menschen betraf, aber es war ein großer Schritt für Busfahrer Reinert. Auch er hatte seine erste Rampe gebaut und seine erste Brücke überwunden. Zu Weihnachten bekam er ein ganz besonderes Geschenk. Sein Bus der Linie 5 wurde in Rente geschickt und ausgetauscht durch den ersten barrierefreien Bus, der fortan zwischen Halldorf und Neuenfelden fuhr. Einer von vielen, die noch kommen sollten.

Amy dachte noch oft an diesen Herbst. Sie dachte noch oft an das Experiment in der Schule und an das *Projekt Reinert*. Und genauso häufig dachte sie an Rosa Parks, eine kleine Frau mit großem Mut, die gegen das Unrecht aufgestanden war und an Würde gewonnen hatte.

ANHANG 1:

KURZBIOGRAPHIE: ROSA PARKS

1913	Am 4. Februar wird Rosa als Rosa Louise McCauley in Tuskegee, Alabama (USA) geboren.
1914-1918	**1. Weltkrieg**
1915	Der Vater verlässt die Familie. Rosa wohnt mit ihrem Bruder, ihrer Mutter und ihren Großeltern zusammen.
bis 1924	Rosa wird vor allem von ihrer Mutter unterrichtet, die als Lehrerin auch an einer Schule in der Nähe tätig ist.
1925 bis 1931	Rosa besucht die *Montgomery Industrial School for Girls* und die *Booker T. Washington High School* (beides sind Schulen für Afroamerikaner).

1932	Rosa heiratet mit nur 19 Jahren Raymond Parks. Er ist zehn Jahre älter als sie, afroamerikanischer Frisör und gehört der Wahlrechtsbewegung für Afroamerikaner, der National Association for the Advancement of Colored People (NAACP = »Nationale Organisation für die Förderung farbiger Menschen«) an.
ab 1932	Rosa arbeitet als Näherin.
1939-1945	**2. Weltkrieg**
1943	Rosa wird Sekretärin bei der NAACP in Montgomery und arbeitet dort zusätzlich zu ihrem Beruf als Schneiderin.
1955	Am 1. Dezember weigert sich Rosa, den Sitzplatz im Bus freizumachen, nur weil ein Weißer dort sitzen möchte. Der Busfahrer James Blake ruft die Polizei und besteht auf ihrer Verhaftung. So wird Rosa wegen Störung der öffentlichen Ruhe festgenommen, angeklagt und zu einer Strafe von insgesamt 14 Dollar verurteilt.
1955 bis 1956	Beginn des Busboykotts in Montgomery unter Martin Luther King. Mehr als ein Jahr lang weigern sich die Schwarzen, die Busse zu benutzen, und zwingen durch diesen Boykott schließlich die Behörden, die Rassentrennung in Bussen aufzuheben.
1955 bis 1975	**Vietnam-Krieg**

1957	Umzug nach Detroit, nachdem viele telefonische Drohungen bei Rosa und ihrem Mann eingegangen sind. Raymond erleidet einen Nervenzusammenbruch.
1968	Tödliches Attentat auf Martin Luther King.
1977	Rosas Ehemann stirbt.
1983	Rosa wird in die *Michigan Women's Hall of Fame* für ihre Aktivitäten in der Bürgerrechtsbewegung aufgenommen.
1994	Am 30. August wird Rosa in ihrer Wohnung überfallen und ausgeraubt. Der Überfall entrüstet ganz Amerika.
1996	Präsident Bill Clinton überreicht Rosa die Freiheitsmedaille (*Presidential Medal of Freedom*).
1999	Rosa bekommt die *Congressional Gold Medal* (Kongressmedaille), die neben der *Presidential Medal of Freedom* die höchste zivile Auszeichnung in den USA ist.
2001	Das *Rosa Parks Library and Museum* wird in Montgomery, Alabama eröffnet. Rosas Tat und Martin Luther Kings Bewegung werden im Rassismusdrama »Boykott« verfilmt.
2002	Rosas eigene Lebensgeschichte wird in dem Film »*The Rosa Parks Story*« nacherzählt.

2005	Am 24. Oktober stirbt Rosa in Detroit. Sie wird öffentlich vor ihrer Beisetzung im *Kapitol* aufgebahrt. Rosa ist somit die erste Frau in den USA, der diese besondere Ehrung zuteilwird. Zur Beisetzung ordnet US-Präsident George W. Bush Trauerbeflaggung an. Soul- und Gospel-Ikone Aretha Franklin singt auf Rosas Beerdigung.
2008	Der 1. Dezember wird zum »*Tribute to Rosa Parks Day*«. An diesem Tag soll in jedem Bus der Sitzplatz direkt hinter dem Fahrer ihr zu Ehren frei bleiben.
2012	In Berlin wird eine Grundschule nach Rosa Parks benannt.
2014	Ein Asteroid wird nach Rosa Parks benannt.

ANHANG 2:

WEITERE WICHTIGE MENSCHEN IM BUCH

Du erfährst beim Lesen eine Menge über ganz wichtige Leute. Hier findest du noch einmal ihre Namen. Du kannst selbst einmal im Internet über sie recherchieren, wenn du möchtest.

John F. Kennedy (* 1917; ✝ 1963): US-amerikanischer Präsident
John Fitzgerald Kennedy (JFK) war als Politiker der Demokratischen Partei von 1961 bis 1963 der 35. Präsident der Vereinigten Staaten von Amerika. Unter ihm flog der erste Amerikaner ins Weltall. Er fiel einem Attentat zum Opfer. (Er wurde im Auto erschossen).

Martin Luther King (* 1929; ✝ 1968): Bürgerrechtler
Martin Luther King Jr. war ein US-amerikanischer Baptistenpastor und Bürgerrechtler. Er gilt als einer der herausragendsten Vertreter im gewaltfreien Kampf gegen Unterdrückung und soziale Ungerechtigkeit. Er setzte sich für die Aufhebung der Rassentrennung in Amerika ein. Auch er fiel einem Attentat zum Opfer. (Er wurde auf einem Balkon erschossen).

Lyndon B. Johnson (* 1908; ✝ 1973): US-amerikanischer Präsident

Lyndon Baines Johnson war ein US-amerikanischer Politiker der Demokratischen Partei und von 1963 bis 1969 der 36. Präsident der Vereinigten Staaten. Er führte Amerika aktiv in den Vietnamkrieg und sorgte gleichzeitig für die Aufhebung der Rassentrennung.

Auf den Spuren von Henry Dunant

Der vierzehnjährige Leo bekommt von seinem sterbenden Vater den Auftrag, Henry Dunant ausfindig zu machen. Dieser hatte im Krieg in Solferino 1859 ein Lazarett gegründet und alle Verletzten versorgt, egal welcher Nationalität sie angehörten, und auch ihn gesundgepflegt. Um seinem Vater seinen Wunsch erfüllen zu können, reist Leo zu einem Freund seines Vaters in die Schweiz, der ihm als erfahrener Journalist bei der Suche zur Seite stehen soll. Doch das ist alles nicht ganz so einfach, denn Clarisse, ein Mädchen, das Leo dort kennenlernt, mischt ordentlich mit. Leo ist fasziniert und überfordert zugleich, denn so ein Mädchen hat er bisher noch nie getroffen. Trotzdem werden sie bald ein gutes Team.

Eine inspirierende Generationengeschichte für junge Leserinnen und Leser ab 10 Jahren.

Susanne Roll
Leo – Rotes Kreuz auf weißem Grund

gebunden, 160 Seiten
ISBN 978-3-7615-6892-7

neukirchener

Auf den Spuren von Margarete Steiff

Die Coronazahlen sinken und die elfjährige Ida darf endlich wieder in den Sommerferien ihre Oma besuchen. Besonders gern lauscht Ida Oma Hildes Geschichten von früher oder spielt mit den Knöpfen aus dem Knopfglas. Doch diesmal entdeckt sie einen, der so ganz anders ist als die anderen. Ida begibt sich auf Spurensuche und enträtselt das Geheimnis um den seltsamen Knopf – eine Geschichte, die vor über 100 Jahren begann: Sie handelt von Margarete Steiff, die die Spielzeugwelt im Rollstuhl eroberte. Und sie handelt von einem alten Teddy, der mehrere Generationen von Kindern seit der Jahrhundertwende über den 1. Weltkrieg und den Nationalsozialismus bis in die friedliche Demokratie der Neuzeit begleitete. Eine mutmachende Generationengeschichte für junge Leserinnen und Leser ab 10 Jahren.

Susanne Roll
Ida und das Geheimnis um den seltsamen Knopf

gebunden, 167 Seiten
ISBN 978-3-7615-6854-5

ß- neukirchener

Zwei Mädchen auf der Suche nach der eigenen Identität

Alabama 1887: Helen ist weiß und reich – aber sie kann nicht sehen und nicht hören. Martha ist die Tochter der Köchin und schwarz – und wird deshalb weder gesehen noch gehört. Doch das Schicksal verbindet beide Mädchen auf ungewöhnliche Weise. Marthas Aufgabe ist es, auf Helen aufzupassen, doch deren Wutausbrüche werden täglich schlimmer, denn sie versteht nichts und niemand versteht sie. Eines Tages kommt die neue Lehrerin Anne Sullivan nach Ivy Green. Sie versucht, der taubblinden Helen Wörter und Sprache beizubringen. Martha lernt mit. Aus Dunkelheit wird Licht und plötzlich ändert sich alles für die beiden Mädchen. Ein Buch für junge Leser:innen, das zeigt, wie wichtig es ist, die eigene Stimme zu finden – basierend auf der wahren Geschichte von Autorin und Menschenrechtlerin Helen Keller und ihrer Freundin Martha Washington.

Dagmar Petrick
Martha, Helen und der Weg aus der Dunkelheit

gebunden, 269 Seiten
ISBN 978-3-7615-6816-3

neukirchener